诗风化育 旧语新怀

教育诗词·盘桓集

薛晓阳 著

东南大学出版社·南京

诗风化育
旧语新怀

教育诗词·盘桓集

薛晓阳 著

东南大学出版社·南京

序
Preface

嗟叹是理解生命的一种方式。读一首好诗，不仅会遐思，也会感兴，禁不住产生诗的冲动。诗让生活有一种与原来不一样的感觉。

诗是一种言说，也是一种文化，又是一种哲学。我们如何理解诗，我们就将如何理解我们的文化、历史和传统，以及语言和艺术、价值和情感。诗成为看中国人、中国哲学的窗口，通过诗我们了解我们自身。

伴随着吟和唱，诗带给我们教化。

是诗叙述着文明的故事，讴诵着历史的声音，是神话、诗歌、故事和吟唱引导着我们生活和想象。人在诗中体验与成长，认识这个世界的美和善。

一、尧声

中国人用诗感受世界，诗塑造了中国人的生活和信仰，使我们成为一个诗性的民族。宗白华说，中国文化是诗意的文化。中国人用诗造就了只属于自己的、东方式的浪漫主义，中国人按照自己的方式理解艺术和审美，以及幸福和快乐。在骨子里，中国人含有诗性的品格和气质，由此，说诗是中国人的精神故乡也绝不过分。诗在气质上留下了我们祖先对生活的理解和想象，在原初的世界里，中国人生活在自然和直觉中，形成了只有我们这个民族才具有的象征性思维，由此诗在中国人的世界观中超越了诗本身而成为一种信念。《周易》作为上古的经典，用"卦"和"象"表达我们生活的这个世界，那时的"圣人"建立起"立象尽意"的言说方式与天地会话和交流。世人时常只看到儒家的纲常之道，却忽视了孔子对诗和乐的浪漫想象。如果真的没有诗乐这一传统，就不会有后来玄学的个性和哲学的自由。中国诗歌的审美含蓄而逸隐，代表了我们这个民族的艺术气质和认知风格。我们是一个诗性的民族，我们的智慧也是诗性的。中国人用诗表达自我、追求自由，而不是用理性和判断击打这个世界。中国人把自由和个性引向美的方向，用爱而不是恨去歌唱，就像《高唐赋》《洛神赋》中，对自由的想象化为对美和纯洁的向往。因为诗，中国人具有了音乐的品格和浪漫主义的精神。诗歌让中国人生活于自己的情感之中，使我们具有了不同于西方人的对美好生活的定义。

诗作为中国的文化开端，让我们体验到了历史和传承。甲骨、青铜和竹简显现过去，而诗是祖先的声音、符号和意象。借助诗我们亲近自己的出身。在感知文明的过程中，中国人的书写方式是独一无二的。我们也用哲学和科学，但更偏爱直觉和体验。诗是哲学，也是文学，更是艺术。如果诗是哲学的思考，那也是一种思考的音乐。在文明的原初，真正的文学是诗。诗是最原初的语言和艺术，是最接近艺术的文学，它用"声"和"韵"超越文字的束缚，将自己变成真正的乐和舞。诗的体验是纯粹艺术的体验，它像灵魂的飞舞，自由自在。后来又有了玄和禅，中国人的吟咏更加嫣美空灵。李泽厚呼吁中国哲学的登场。在他看来，哲学是美的，更应该是诗性的。诗不仅因为思想，更因为艺术而美。西方人是"思"的哲学，中国人是"诗"的哲学，他们在"思中诗"，我们在"诗中思"。中国的哲学无论如何是自己的，中国人的理性含有诗性，而不是脱离生命的虚妄和判断。西方时有对中国哲学的偏见，或许根本原因在于不懂中国，用他们的标准是看不懂中国哲学的。哲学不是理念自身的循环和对抗，而是存在于人的生生不息的感怀与叹息中。

二、存在

诗性代表存在的梦。荷尔德林用诗叙述这个梦，在他那里，人虽然充满彷徨，但却诗意地栖居于大地，海德格尔将这种诗意安居定义为存在的本质。他告诉我们，诗是人的本性，诗性象征人的自由。在中国，孔子用"从心所欲，不逾矩"解除世俗的束缚，达到灵魂的自由自在。礼是不可毁坏的，但人终究应"咏而归"。对于孔子来说，礼、仁的意义最终是为了诗意与自在，而不是相反。在海德格尔那里，这种"自在"尽管是被抛的，乃至无可奈何的，但却是我们的天命和梦。诗是灵魂的飞舞，这在东西方都是一样的。诗即存在，起码应当是存在。存在的优先性表现为诗意的优先性。生命原本是诗，只是当被遮蔽之后才失去了。鲍曼认为，人类不幸落入"园丁世界"，生命因失去自在而枯竭。陶渊明在《归去来兮辞》中"敛裳宵逝"，试图摆脱这种不幸。荷尔德林的错乱、克莱斯特的枪声，以及沃尔夫的溪流祭奠着古典浪漫主义。歌德和席勒代表的古典主义，以及蕴含的高贵和伟大，使人遗忘了作为诗的存在、自我和直觉，这或许是现代人诗性消失的原因。南朝钟嵘《诗品》将曹植列为一品，陶渊明列为中品，曹操抑居下品。在他看来，陶诗诗风质朴少了自由的心气，曹操作为得势者，虽有气概却难有性情与风怀，唯有曹植诗情文采气骨卓然，因而将之惜为上品。在钟嵘心中，好的诗仍在于心性、自我和超然。诗尚感怨和情骚，是魂与梦的蹈足，只有内心的纯粹才能匹配诗的叙说。

《诗经·伐木》曰："伐木丁丁，鸟鸣嘤嘤……嘤其鸣矣，求其友声。"鸟鸣亦为"友声"，歌吟又如何？叔本华在论述音乐时指出，音乐是意志的最高形式。艺术超越现实，是纯粹的声音，是非理性的。尼采与瓦格纳的决裂，就在于尼采认为瓦格纳的音乐丧失了存在的声音。在尼采看来，音乐是酒神的象征和冲动，代表存在的本性，它既不应是意识形态，也不应是耶稣的信仰。亚里士多德在《诗学》中讨论了史诗和悲剧，有人认为《诗学》的失传部分可能是喜剧，不过这种失传的吊诡或许正在告诉我们，喜剧原本就不存在，诗只能是悲剧，因为只有悲剧才是生命本质的隐喻。《尚书》曰："诗言志，歌永言。""志"可能不一定是"悲",但绝不可能是"喜"。存在主义认为,存在就是荒诞,因而"喜"不是存在原本的样子。对于中国哲学来说,"喜"也不是一个含有德性的词,对于"明知不可为而为之"的孔子来说,或许也只有悲才属于君子的宿命。在尼采那里,希腊艺术不是希腊人内心和谐的产物,相反,它缘于希腊人内心的痛苦和冲突,或许这才是艺术真正的本原。诗的浪漫只能是悲剧性的,荷尔德林和尼采体验到先知们的生命情绪,因而才常常被称为神的祭师,海德格尔和狄尔泰用对存在的信念感受到这种诗性的情绪。西方的古典传统中或许没有这样的情绪和信念,生命哲学和存在主义让这种神性在哲学和诗歌中再次回归。也许有神和先知在召唤他们以诗的形式宣示人的灵魂。在他们那里,音乐绝不是取悦的哀求,它是天鹅之歌,是跳跃的灵魂的舞。在中国,我们的古典中,屈原的哀歌,李清照的悲吟,似乎早已流露出这样的哲学与精神。叔本华认为,世界为主体而存在,世界是人的表象,或许只有诗能让我们读懂他的这个哲学。

三、哲学

科学和哲学都不能体现人的生命精神,只有艺术才可以显现生命的本质。由此,艺术和审美才是存在的本体。诗不是哲学,哲学只是诗的果实。诗是存在的声音,历史由此开始,不管人如何诉诸理性,存在的诗性以感性为前提,它以"象"和"声"展露自身。在文明的初期,中国人为什么衷情于用"象"解释世界,是因为"书不尽言,言不尽意"。这不仅是中国人的思维方式,更是世界原本的样子。我们只有懂得诗的意象性,才能懂得诗在思想上的开放性。西方的学者提出"诗不可译"的命题,原因或许正在于此。诗的感性本质不仅在于"象",还在于"声"。"声"的流动赋予诗艺术的本质。诗有"礼",也可"教",但首先是声。明人陈第《毛诗古音考》："夫诗,以声教也,取其可歌,可咏,可长言嗟叹……斯其所以为诗也。若其意深长而于韵不谐,则文而已矣。故士人篇章,必有音节;田野俚曲,亦各谐声,岂以古人之诗而独无韵乎?"中国古代有所谓"诗声"和"声诗"的不同,宋代以前,能唱的不是词而是诗,好的诗歌被称为声诗。声包括韵和律,诗因声而成为艺术,如果没有了声的美,诗作为文学便远离了艺术。近代以来,白话新诗摆脱格律和声韵,借以表达对传统的反叛。诗体的解放使新诗获得更大的表达空间,但同时面临的问题便是艺术性的荒芜。丧失了格律和声韵,诗如何"嗟叹"和"言咏"?中国诗歌因抒情而自足,但有"情"而无"声"让新诗面临考验。由此才有新月诗派的闻一多的所谓新格律"三美"理论。

有人认为,中国传统诗歌缺乏哲学,理性上显得浅薄。其实,诗原本就应该是感性的,中国诗歌正是因为拒绝了西方式的理性,才具有更为柔美的声音和叙事性。诗的感性在诗体上表现为"象"和"声",但在本质上却表现为"情"。生命的感性包含知情意,但或许只有情才真正属于诗。在中国的传统中,诗也是一种哲学,但不是哲学本身。哲学在诗中只能是一个"沉默者",在诗的咏叹和感兴背后,我们或许才能够见到它。正因为此,当我们吟颂诗词时才会有意蕴地回味和想象。别林斯基说过,了解诗歌必须从"感觉"开始,而不是从"反省"开始。克罗齐认为,艺术活动在于"直觉"而不在于"传达"。诗不显现观点,只显现产生观点的感觉。当诗的感性真正得到表达时,诗的理性才能最终得到显现。诗可以叩击理性,但诗本身不是理性的。在尼采看来,日神的理性缺乏酒神的生命体验,庄严和雄伟不应是人的本质。海德格尔由此认为,尼采的思想应当被视为形而上的终点。哲学寻找智慧,但诗不是,它唯一追求的是生命。胡风曾经说过,哪里有生命哪里就有文学和艺术。诗出于人性的本原而不是理性。诗可以表达哲学,但不是为了哲学。生活像诗,但诗不是生活,诗是灵魂。诗与乐、舞、画一样,用感性展现自身,同时也用感性观照世界。西人贺拉斯说"诗如画",宋人郭熙说"诗是无形的画,画是有形的诗",艾青说"绘画应该是彩色的诗,诗应该是文字的绘画"。但是,或许只有晋人陆机看到了它们之间微妙的差别。在他看来,丹青与雅颂相比,虽有形声,终是"宣物莫大于言"。因为只有诗可以把感性本身变成意识,变成可以理解的生命的歌。或许,这就是诗表达存在和生命的独特之处。因此我们说,如果诗是理性的,那就不是诗而是哲学。与西方人用哲学理解诗不同,中国人用诗理解哲学。所以,中国人的哲学更浪漫,而诗则更美。柏拉图为了寻求他的所谓理性,对诗采取敌视的态度。他在《理想国》中不仅批判了诗,而且要求在其所建立的"理想国"中驱逐出诗人。在他看来,诗歌是软弱的,会让灵魂堕落。不过,诗的力量最终还是让柏拉图犹豫了,在《伊安篇》中他忍不住赞叹诗的崇高与美妙,而在描述老师苏格拉底受刑前的梦时,他似乎感受到诗对良知的抚慰与启示。这便是诗的感性和魅力,他让柏拉图在追求理性时动摇了。

四、美感

美是一切艺术的基本性质,哪怕如鲁迅论悲剧那样,把美的东西撕碎了,最终也是一种美。这不是说写诗是为了美,而是说诗一旦产生,赠予我们的便应当是美。作家严歌苓说,诗可表达汉字的美和最隐秘的情感。美不局限于像音乐、绘画和舞蹈一样的形式,美的感受不是客体的本质而是人的体验,美因为审美而美。《卫风·有狐》:"有狐绥绥,在彼淇梁。心之忧矣,之子无裳。"从孤狐之悲而怜"之子无裳",其无乐、无画、无舞,但却胜于有乐、有画、有舞。因而其美不在"景"而在"情",美在"被感动"中生成。南宋严羽有《沧浪诗话》

曰："诗者，吟咏情性也。"因此，诗因为抒情而美。中国传统诗歌的美，在抒情，不在"文辞"。南朝《文心雕龙·情采》说，《诗经》之美在"吟咏情性"，而后世为何诗性衰竭，则在于"逐文"而弃情。诗无情岂能为诗！或许尼采是对的，"意志"不是理性，而是"自我"，一种随情而动的冲动。苏格拉底认为"美是难的"，在他那里，美是和谐、恰当、快乐和善，似乎任何好的东西都是美的。然而必须看到，美不在于外在的和谐、恰当和善，而在于被我们的情感所接受和悦纳。柏拉图说美不在表象而在理念。他所谓的美是"美的理念"而不是"美的感受"。康德和黑格尔为此作了修正，在他们看来，美是理性概念的感性形象，因而美最终是由感性提供的。这里的"感性"只能是人的情感，而不可能是人的"认知"和"意志"。诗的美在于让我们看到了原本看不到的情感，而情感的美在于让我们看到了原本看不到的生命。

"感"与"叹"是诗抒情的方式。所谓感怀与叹物，没有感与叹，诗便无以抒情。宋人邵雍的"康节体"，主张诗要"言性"和"写心"，因而反对诗的兴叹和发怨，最终否定了诗歌的抒情本质，也因为此，他的诗被宋时江湖派诗人刘克庄戏称为押韵的语录。在刘克庄的心中，没有抒情诗何以"豪放"。如果说康节体也有情感，那就是所谓中和温厚，似乎无意中应了儒家"诗以声为教"的诗学理论，不过对于诗来说这无疑是一种毁灭和灾难。但抒情不等于说脱离现实，现实主义是中国诗歌的重要特点。从《诗经》开始，中国诗歌就以抒情为主体，但从来不反对现实主义，这体现了中国诗歌传统的一种气质和风格。歌德主张诗应当是应景而发，他最反对诗像空中楼阁，虚无浮华。中国的诗歌把两者完美地结合起来，似乎从来没有什么冲突。西人布洛赫说"艺术并非幻象"，它给予我们"希望"，一种能够向前的力量。孔子论乐时谓《武》"未尽善"，含杀气，唯《韶》既善又美。在孔子看来，艺术只有美的形式似乎是不够的，让美真正成为生活本身才是美的终点。东方的吟咏不是天国和神的召唤,而是在世的、人间的情和爱、悲和壮、哀和怨、义和志、悔和恨。这就是中国诗歌的美学标准,也是中国诗歌的现实主义。

孔子论诗时谓诗可以"兴""观""群""怨",不过,他同时又认为诗还应能"事君""事父",似乎诗的"雅正"不是诗自身的品质,而只是因教化而产生的意义。然而,这里可能遗忘了一点,孔子不仅认为诗和乐包含了礼的意蕴,更是认为诗和乐的美原本就应是这个样子。至于帝王的至高无上,对孔子来说,从来不是天命和美善本身,而是可以并需要"劝诫"的对象。因此,所谓"事君"之说,应当被理解为对君王的陶冶和教导。孔子真正想"去"的实际只是郑卫新声中的淫与佞。这里,尽管"淫"的含义学界有多种解释。孔子的想法既充满浪漫主义,又饱含现实主义。在他看来,礼乐之美应是明邦大国的品质,如果能以诗的雅正与情感去奉献朝堂和孝敬父母,不仅是一件美妙的事情,而且是君子应"为之"的责任。孔子对诗乐的看法,不仅没有束缚诗的浪漫和美,而且是在传导诗的精神,那种感化天下、美与大同的力量。

五、教化

《毛诗序》认为诗有"发乎情,止乎礼义"的所谓"美刺"教化,宋明时有"诗以声为用"和"诗以声为教"的说法,郊社、宗庙、祭祀之外,兴于情声的教化作用,似乎都在为孔子诗教思想作诠释。孔子说过诗的全部意义在于"思无邪",要求做到"乐而不淫",甚至"恶郑声之乱雅乐也",倡导"中正平和"且淡而雅的诗乐。孔子还说过,君子"兴于诗,立于礼,成于乐",把"礼"作为诗乐的目标和前提。孔子也赞赏过弟子子游以乐治政的方法,并在他最信仰的《周礼》

中赋予君子以"乐德",这些都体现了孔子对诗的教化作用抱以期待。然而,后世对孔子的误读也从这里出现。孔子修订《六经》时,特别肯定《尚书·舜典》中"诗言志,歌永言,声依永,律和声"。今出上博简《孔子论诗》见孔子之言:"诗亡隐志,乐亡隐情,文亡隐意。"可见孔子回归到了诗性本原"兴观群怨"与感怀和叹息。孔子看事情的方法是独特的,不会固守于一个判断和角度。孟子言善,荀子言恶,但孔子在说上智下愚不移的同时,又说"性相近而习相远"。孔子崇周礼、尚雅乐,恶郑卫之声,但在编订《诗经》时,不仅对郑卫之声加以保留,而且也未删除描写幽会、私恋等不合礼义的歌谣。这就是孔子,一个让我们不得不着迷的孔子(学界议郑声非郑风,不过在诗乐舞一体的春秋,说两者毫无关联总是说不通的)。朱熹由此叹曰:"天不生仲尼,万古如长夜。"

　　孔子是崇尚自由和个性的,他的教化也不同于后世。《毛诗序》及宋人和明人对诗教的理解或许不够确切。孔子虽言君子不可"逾矩",但认为"从心所欲"却是君子的内在品质。在他看来,尽管世俗和规矩是不可随意破坏的,但自由更是不能拒绝的。孔子所谓"不学诗无以言",更好的解释是,不学诗便难以"兴怨""言志",而不是学会迎合礼义的约束。后世都说晋人不守儒风,然而,最贴近孔子的大概就是晋人。竹林七贤行事的风格,应当最接近孔子对"儒"的理解。我们可以看到,晋人虽然自我,但从不损伤礼义。因此,真正的儒既非孟子和董氏,更非宋人和明人,应该莫过于晋人。孔子非常想像晋人那样特立独行,只是他的行事方式与晋人不一样。近人刘师培尚玄学并为玄学拨正,认为晋人是崇尚个性和自由而非毁坏礼义。只不过他自己却走了样、逾了矩而已,终让后学为之叹息,不过他对玄学的理解恰是后人所不及的。反观今天的教育,或许其问题就在于有"乐"而无"诗"。所谓无诗的教育,这倒不是说没有让孩子读诗,而在于没有诗性的养育。宋人的"声词相从""乐为诗作"和"志本声用"等思想，实际都是因为理学之故。事实上，在孔子那里，诗应当"为礼"，但首先在于"人"。因为"诗中有人"，而"礼中无人"。王国维对诗的立场改变了艺术是"教化"的传统，在他看来，艺术是自足的。由此可以认为，诗是艺术，因而诗是自足的。艺术的价值是审美而不是教化。换一个角度看，艺术不一定是善的，但肯定不是恶的，且一定是美的，美和善不一定等同，但一定不相背。

诗的教育，不在于知识，而在于诗意的回归。明代有台阁体，是"颂圣德，歌太平"，求典雅平正。若这样温柔敦厚，谈何诗意！这只能说是扭曲孔子"诗教"的悲剧。现代九叶诗人试图在艺术与功利之间寻求平衡，但其努力远没有达成目标。相反，新月派诗歌大都限于个人的情志，却在诗歌史上留下深刻的印记。后人对孔子的理解，时常偏颇。王灼《碧鸡漫志》推崇豪放而批评李清照和柳永，并非因为李柳诗词柔婉无力，而是因为其诗作自我而孤傲，不合儒家意蕴和诗范。都说《红楼梦》含佛道之蕴，有浓厚"道学"气味，是明清诗风"温柔敦厚"的典范，其实不然，其情之哀婉，虽含蓄中和，但其气清澄，其情叩天。诗的本质在于"声"，无声乃无教也。南宋郑樵在《通志》中说，最初是"诗以声为用"，但不是用作"说义"。在此，宋人对诗的理解或许还要胜于明人。诗可以教化，但诗不是教化。如果"诗乐文"没有了，一切教化也就都没有了。

2023 年 2 月

一、古风篇

二、文化篇

三、题记篇

四、人物篇

五、游旅篇

六、情梦篇　　八、乡梓篇

七、从学篇　　九、花石篇

　　　　　　　十、剪影篇

　　　　　　　十一、轻谣篇

　　　　　　　十二、余篇

　　　　　　　后记

一、古风篇

1. 怀尧梦 2016 …… 002
2. 三星堆谒词 2018 …… 002
3. 题影《神话》：祭蒙恬蒙毅 2014 …… 003
4. 揽秦史颤三车氏及嫔妃殉葬憾古悲人 1999 …… 003
5. 晋颂 3 首 2014 …… 004
6. 唐风踏行 2014 …… 005
7. 题苏美尔 2016 …… 005
8. 妇好耶律惊楚材 2016 …… 006
9. 冬过京城夜思 2015 …… 006
10. 见风车思干戚 2018 …… 007
11. 过殷都：题《麦秀歌》2019 …… 007
12. 题阿房宫 2019 …… 008
13. 清明祭：题晋文公之臣介子推 2011 …… 008
14. 大秦忆 2008 …… 009
15. 楚汉思：题于彭城之战 2007 …… 009
16. 孔子学琴记 2018 …… 010
17. 天下谣：题《山海经》2016 …… 011
18. 玉环罪己 2007 …… 012
19. 暮行观广场舞记 2016 …… 012
20. 题边塞诗 2010 …… 012
21. 题《卿云歌》2017 …… 013

22. 题《赤壁赋》2017 …… 014
23. 唐风吟 2017 …… 014
24. 春秋吟 2019 …… 014
25. 列子御风 2014 …… 015
26. 题窦宪勒石 2015 …… 015
27. 中华烈 2010 …… 016
28. 戍边拓宇 2007 …… 016
29. 汉歌吟 2012 …… 016
30. 知北游致贤文听劝学 2012 …… 017
31. 项王绝唱 2011 …… 017
32. 鹧鸪吟 2016 …… 018
33. 悼项羽 2008 …… 018
34. 感箕子朝周之衰 2016 …… 019
35. 玄夜记梦 2012 …… 019
36. 君艺邪 2009 …… 020
37. 龙门石窟 2017 …… 020
38. 题龙门《礼佛图》3 首 2014 …… 021
39. 题首阳山 2016 …… 022
40. 洪荒吟 2017 …… 022
41. 八声甘州·燕然山怀古 2012 …… 023
42. 长相思·觅首阳 2010 …… 024
43. 临江仙·梦漓水古越 2019 …… 024
44. 酒泉子·征歌 2020 …… 024
45. 六州歌头·蜀风楚月 2005 …… 025

二、文化篇

46. 飞天 2017 ····· 028
47. 题影《剪刀手爱德华》2012 ····· 028
48. 题昭君墓 2009 ····· 029
49. 风情谣 2017 ····· 029
50. 长卷吟：题北宋王希孟《千里江山图》2009 ····· 029
51. 题电视连续剧《婉君》2005 ····· 030
52. 三月赏桃花感杜甫《春望》2009 ····· 030
53. 问天使 2009 ····· 030
54. 怀伤：题歌《长安故事》2014 ····· 030
55. 七夕斗巧 2017 ····· 031
56. 宫怨二首 2021 ····· 031
57. 闺怨 2010 ····· 032
58. 《桃花扇》记 2012 ····· 032
59. 清风：题清代文学 2010 ····· 032
60. 观影《哪吒之魔童降世》2019 ····· 033
61. 读严歌苓作品《天浴》2019 ····· 034
62. 再读《采莲赋》2011 ····· 034
63. 读《子夜歌》梦乐府 2020 ····· 034
64. 题《红高粱》片尾曲《九儿》2016 ····· 034
65. 人鱼思：观影《美人鱼》记 2017 ····· 035
66. 王子梦：观影《小王子》思远 2017 ····· 035
67. 秀女愁：题大清选秀 2020 ····· 036
68. 倚天屠龙：题《射雕英雄传》主题曲 2016 ····· 036
69. 题影《人证》插曲《草帽歌》2012 ····· 037
70. 题李白《春夜宴从弟桃花园序》2011 ····· 037
71. 鹧鸟鸣悟：题"禅意三部曲" 2019 ····· 037

72. 闲听《霓裳羽衣曲》2006 …… 038
73. 别如梦：题《阳关三叠》2008 …… 038
74. 潞琴悲 2012 …… 039
75. 人之辱：题人类动物园 2014 …… 040
76. 题仕女图 2016 …… 040
77. 百助筝 2013 …… 040
78. 汝阳酒声 2018 …… 041
79. 苏轼王安石叹 2015 …… 041
80. 题于南非变迁 2018 …… 042
81. 包拯情：观影《开封府》记 2018 …… 042
82. 题张爱玲短篇小说《红玫瑰与白玫瑰》2016 …… 043
83. 捣练子·《万水千山总是情》听情柔声切 1999 …… 043
84. 西江月·随朱湘《采莲曲》寻荷洲上赋柳而作 2010 …… 043
85. 钗头凤·阳阿之舞 1998 …… 044
86. 如梦令·题清改琦《桃林伴鹿图》2020 …… 044
87. 自度曲·莫愁记梦 1998 …… 044
88. 浪淘沙·舞与人生：观舞思远 2020 …… 045
89. 青玉案·入蜀思高唐 2020 …… 045
90. 一斛珠／怨春风·题月份牌 2021 …… 046
91. 声声慢·题《四愁诗》2009 …… 046
92. 渔家傲·雩舞 2007 …… 046
93. 调笑令·题清李密庵《半半歌》2009 …… 047
94. 摸鱼儿·砖雕物语 2014 …… 047
95. 彩云归·西湖记梦 2017 …… 048
96. 鹧鸪天·往事留梦：题《城南旧事》2014 …… 048
97. 潇湘神·忆双娥 2012 …… 048
98. 捣练子·题琼瑶《六个梦》2010 …… 049
99. 蝶恋花·听南屏晚钟记梦 2020 …… 049

100. 念奴娇·赋《射雕英雄传》主题曲《铁血丹心》听后 2009 ⋯⋯⋯⋯ 050
101. 酒泉子·题《上海滩》主题歌 2007 ⋯⋯⋯⋯ 050
102. 虞美人·题《晓寒图》2006 ⋯⋯⋯⋯ 051
103. 忆秦娥·题清刘彦冲《听阮图》2015 ⋯⋯⋯⋯ 051
104. 鹊桥仙·题唐王建《霓裳词》2011 ⋯⋯⋯⋯ 051

三、题记篇

105. 题欧阳修《醉翁亭记》2012 ⋯⋯⋯⋯ 054
106. 读《淮南子》记 2017 ⋯⋯⋯⋯ 054
107. 题白居易《琵琶行》2008 ⋯⋯⋯⋯ 055
108. 读元稹《连昌宫词》2018 ⋯⋯⋯⋯ 056
109. 题李清照《夏日绝句》2012 ⋯⋯⋯⋯ 056
110. 读《班昭传》叹《女诫》2009 ⋯⋯⋯⋯ 057
111. 题《尚书》2015 ⋯⋯⋯⋯ 057
112. 《梁甫吟》叙 2013 ⋯⋯⋯⋯ 058
113. 武皇今歌:题《曳鼎歌》2018 ⋯⋯⋯⋯ 058
114. 题曹操《龟虽寿》2019 ⋯⋯⋯⋯ 059
115. 柴桑颂:题《归去来分辞》2015 ⋯⋯⋯⋯ 059
116. 题王勃《滕王阁序》2012 ⋯⋯⋯⋯ 060
117. 不归人:读纳兰性德诗集记 2010 ⋯⋯⋯⋯ 060
118. 兰亭歌:题《兰亭集序》2013 ⋯⋯⋯⋯ 060
119. 古道今吟:题董湘琴《松游小唱》2019 ⋯⋯⋯⋯ 061
120. 题《桃花源记》2009 ⋯⋯⋯⋯ 062
121. 题《月赋》2009 ⋯⋯⋯⋯ 062
122. 题《秦妇吟》2015 ⋯⋯⋯⋯ 063
123. 和《剑阁赋》2015 ⋯⋯⋯⋯ 064

124. 题《李夫人赋》2006 ··· 064
125. 逍遥石钟山 2010 ··· 065
126. 读商韩之法无语 2010 ·· 066
127. 卜算子·潘岳《金谷集作诗》何添"白首同所归"2019 ··· 066
128. 纱窗恨·题王国维《人间词话》2019 ····················· 067
129. 霜天晓角·题《紫金夜宴》2022 ····························· 067
130. 喜迁莺·题刘禹锡《陋室铭》2010 ························· 067
131. 暗香·题皎然《风入松歌》2003 ····························· 068
132. 鹧鸪天·题《放鹤亭记》2011 ································ 068
133. 点绛唇·人生如赋：题李白《上李邕》2018 ············ 069

四、人物篇

134. 奇女吕碧城 2017 ··· 072
135. 感《红楼梦》金陵十二钗又副册之首晴雯 2012 ······ 072
136. 题阮元 2014 ··· 072
137. 题亚历山大 2012 ·· 073
138. 题苏武 2008 ··· 073
139. 洪宣娇考 2008 ·· 074
140. 感拉马努金天才早逝 2014 ··································· 074
141. 诗之爱：题新月诗人方玮德 2011 ························· 075
142. 阳明佩刀：王阳明生平叹 2015 ····························· 075
143. 叩岳将军 2005 ·· 076
144. 题李悝 2012 ··· 076
145. 弱儒英雄：读《史可法文献记》2004 ····················· 077
146. 感于华裔影星周采芹 50 年演艺生涯 2017 ············· 077
147. 易水情悲：题《荆轲传》2012 ······························· 077

148. 悲李延年兄妹 2008 ········· 078

149. 题十六国 ········· 078

150. 题郁达夫 2007 ········· 079

151. 祭高仓健 2015 ········· 079

152. 题《夜来香》之李香兰 2013 ········· 080

153. 题汤和 2015 ········· 080

154. 卷中思：题屈原 2012 ········· 080

155. 风云怜：题貂婵和虞姬 2009 ········· 081

156. 叔孙通儒乎？ 2009 ········· 081

157. 韩信悔：游徐州记 2011 ········· 082

158. 题卢作孚 2016 ········· 082

159. 题秦二世 2011 ········· 083

160. 题蒋百里 2009 ········· 083

161. 题金圣叹 2018 ········· 084

162. 拜君仁：题赵匡胤 2010 ········· 084

163. 谒殇魂：题梁元帝 2019 ········· 085

164. 感施琅祭郑成台 2013 ········· 086

165. 题鬼才罗聘 2013 ········· 086

166. 哀师培 2008 ········· 086

167. 凤凰吟：题卓文君司马相如 2007 ········· 087

168. 悲晚清：题张謇 2012 ········· 087

169. 鹊桥仙·文姬吟：读《蔡文姬传》伤才女悲命 2016 ········· 088

170. 沁园春·怀歌：诵李清照词感才女生世叹婉约绝唱 2011 ········· 088

171. 采桑子·为纪念马拉多纳离世题 2021 ········· 089

172. 惜双双·李煜与小周后 2009 ········· 089

173. 桂殿秋·汉宫秋舞：感于李延年 2018 ········· 090

174. 清平乐·龟年曲：感于帝恩之深深 2020 ········· 090

175. 捣练子·宫风赞梅妃 2018 ········· 090

176. 破阵子·记王玄策南征 2004	091
177. 谢池春·题徐小凤《墙》2015	091
178. 水调歌头·游牧野问纣王 2015	092
179. 菩萨蛮·望柳烟题朱淑贞 2002	092
180. 临江仙·题李煜《虞美人》2010	093
181. 江城子·题《红楼梦》金陵十二钗之妙玉 2007	093

五、游旅篇

182. 素柳垂风溪歌枫红 2018	096
183. 游朝天门 2007	096
184. 秋女玉立：浙江绍兴谒秋瑾烈士故居 2004	097
185. 新西兰小镇游 2009	097
186. 夏日游苏州太湖石公山 2020	098
187. 再登燕子矶 2000	098
188. 青海湖遐思 2011	099
189. 丹霞歌 2017	099
190. 八里沟望天壁 2015	099
191. 高邮芦荡行 2017	100
192. 题沙家浜 2019	100
193. 夜观金华万佛塔 2019	101
194. 夏日游苏州吴村 2020	101
195. 远嫁行：游青海湖听传说 2014	102
196. 溪口清风：浙江奉化溪口游蒋氏故居 2010	102
197. 游八里沟归 2013	102
198. 华清池幻贵妃影 2006	103
199. 游澳洲归来 2008	103

200. 拜岳庙 2008	103
201. 题澳洲黄金海岸 2008	104
202. 金山寺游记 2012	104
203. 纽约行记：女神像下赋 2015	105
204. 云南记梦：游大理观《印象·丽江》2011	105
205. 连云观海：游连云港记 2017	105
206. 应友邀夏游吴中二首 2020	106
207. 草原夜 2009	106
208. 旧苑红楼：游苏州园林记梦 2014	106
209. 题南山竹海 2019	107
210. 良臣颂：西湖三杰记梦 2018	107
211. 揽山塘街二首 2019	108
212. 都江堰游记 2018	109
213. 断桥吟：游西湖断桥 2008	109
214. 记三上黄山 2014	110
215. 峨影夜：游峨眉电影制片厂 2018	110
216. 南桥思：游都江堰记 2018	111
217. 仰黄河桥 2012	111
218. 黄山观日落 2016	112
219. 李广哀：游内蒙古草原记梦 2010	112
220. 游天池 2007	113
221. 溱湖游苇荡夕归 2012	113
222. 黄山日出 1998	113
223. 西安途中凭窗构梦 2005	113
224. 游大丰题王潮歌导演大型室内剧《只有爱·戏剧幻城》2020	114
225. 福建土楼记 2016	114
226. 御江风：题燕子矶 2010	114
227. 村谣：游西递、宏村 2012	115

228. 天净沙·思征夫：游内蒙古题元孟昉《天净沙·十二月乐词》2015 ⋯⋯ 115
229. 满庭芳·闲情难：游溱湖梦秋色 2011 ⋯⋯ 116
230. 念奴娇·武夷追远：游武夷山乘竹筏看悬棺悼古情 2016 ⋯⋯ 116
231. 潇湘神·过长沙 2013 ⋯⋯ 117
232. 满江红·过汉水 2021 ⋯⋯ 117
233. 自度曲·献秋瑾祠：游西湖敬秋瑾感其诗：
"驰驱戎马中原梦，破碎山河故国羞" 2015 ⋯⋯ 118
234. 武陵春·橘子洲春览 2016 ⋯⋯ 118
235. 武陵春·塞外春思 2011 ⋯⋯ 119
236. 西河慢·秋日午后上淮堤 2008 ⋯⋯ 119
237. 忆秦娥·游千岛湖又海上观军舶盼国之起 2016 ⋯⋯ 120
238. 忆江南·江南望湖思远 2002 ⋯⋯ 120
239. 自度曲·八里不是沟：八里沟行记 2013 ⋯⋯ 120
240. 青玉案·徐州游题秦观《黄楼赋》2010 ⋯⋯ 121
241. 武陵春·金陵凤凰山咏应李白《登金陵凤凰台》2017 ⋯⋯ 121

六、情梦篇

242. 东南情 2011 ⋯⋯ 124
243. 杞人忧天 2016 ⋯⋯ 124
244. 佛鸽咕声：正月诣高旻寺记梦 2019 ⋯⋯ 125
245. 乐伶霞飞：行车听梅艳芳《女人花》2017 ⋯⋯ 125
246. 东坡依朝云 2016 ⋯⋯ 126
247. 题大宝法王 2017 ⋯⋯ 126
248. 奈何吟：题远 2018 ⋯⋯ 127
249. 清明祭 2021 ⋯⋯ 127
250. 晨郊野见高天语如来 2011 ⋯⋯ 127

251. 珍妃挽歌：游故宫 2004	128
252. 题《度亡经》：和天竺莲花生大士 2018	128
253. 题唐伯虎《桃花庵歌》2005	129
254. 苍宇梵音：农家游夕归仰空题 2016	129
255. 题苏曼殊三首 2018	130
256. 佛声 2008	131
257. 题安徒生童话《海的女儿》2009	131
258. 夕读《长门赋》晨见婚车行记 2010	131
259. 大隐难乎：题赵蕊 2014	132
260. 祭亡魂伍尔夫 2009	133
261. 题邓氏歌 2017	133
262. 孔雀东南飞 2008	134
263. 媛女别梦记：题沈复《浮生六记》2008	134
264. 冯虚记梦：题《鬼狐传》2008	135
265. 题妙真二首 2010	135
266. 念母辞：题郑板桥《七歌》2018	136
267. 题曲《白狐》2012	137
268. 春游樱花大道忽哀秋风不远 2017	137
269. 高旻寺春谒 2017	138
270. 题泰姬陵 2014	138
271. 题《纳兰词》2019	138
272. 飞花令：酬酢醉而记梦 2011	139
273. 琼花谣 2012	139
274. 鸳鸯吟 2018	139
275. 红颜劫：悲秦淮八艳 9 首 2007	140
276. 慕少年：再读《采莲赋》2013	141
277. 屏上风情 2018	142
278. 天籁情 2020	142

279. 窗夜 2014 … 142
280. 题吴伟业与卞玉京 2019 … 142
281. 梦走沁芳桥 2013 … 143
282. 对酒思 2013 … 143
283. 秋水恨：闲翁读苏词题王朝云 2016 … 144
284. 望月歌：夜听李白、赵嘏诗记 2017 … 144
285. 凤仙曲：题小凤仙 2012 … 144
286. 题白素贞 2008 … 145
287. 荷词谣：《荷塘月色》并《决绝词》记梦 2009 … 146
288. 叔同绝尘 2013 … 146
289. 颂涂山：叹吴宓情海宏宇、毛彦文妻命唏嘘 2016 … 147
290. 莫愁歌：游莫愁湖题莫愁女 2011 … 147
291. 卜算子·悼婕妤感秋扇见捐 2006 … 147
292. 浣溪沙·花落有情：诵《葬花吟》伤黛玉悲人世 2008 … 148
293. 醉花阴·友离 2018 … 148
294. 自度曲·踏海悼远 1998 … 148
295. 一剪梅·于邓丽君祭日 2017 … 149
296. 西江月·笑也一生悲也一生 2011 … 149
297. 淡黄柳·三毛祭日题 2017 … 149
298. 蝶恋花·题《白头吟》《诀别歌》2006 … 150
299. 相见欢·题李贺《冯小怜》诗 2012 … 150
300. 章台柳·秦淮声声 2012 … 150
301. 画堂春·读《柳枝词》题 2019 … 151
302. 卜算子·题严蕊《不是爱风尘》2005 … 151

七、从学篇

- 303. 儒道歌 2017 154
- 304. 题孔子妻亓官氏 2015 154
- 305. 云乎高风：题庄子 2014 155
- 306. 吟庄 2015 156
- 307. 题宋明之学 2019 156
- 308. 君子悬渊：题古之圣者 2010 157
- 309. 春晖中学与民国先生：记朱自清散文《春晖的一月》2008 157
- 310. 题海德格尔"此在"之思 2011 158
- 311. 题首任女大校长杨荫榆 2017 158
- 312. 教育行者张伯苓 2014 158
- 313. 书生记 2016 159
- 314. 题北柳巷小学 2015 159
- 315. 题安妮·莎莉文 2016 160
- 316. 题蔚民雕像落成 2012 160
- 317. 随园史歌 2012 161
- 318. 王子梦：观影《小王子》悟学 2017 161
- 319. 书恨：题唐李建枢《咏月》2021 161
- 320. 师道：题丘处机《报师恩》2011 162
- 321. 题许地山短篇小说五首 2008 162
- 322. 书断 2019 164
- 323. 孤饮 2007 164
- 324. 问学：感于焦循焚书 2017 165
- 325. 笔逍遥 2014 165
- 326. 题郭象《庄子注》2016 165
- 327. 鹤梦 2021 165
- 328. 踏笔觉迟 2019 166

329. 屏前 2010 · · · · · · 166
330. 自度曲·读书在金陵：寻步南师校园记梦 2011 · · · · · · 166
331. 如梦令·题毕业四十年大学同学会 2020 · · · · · · 167

八、乡梓篇

332. 唐人张若虚《春江花月夜》2006 · · · · · · 170
333. 魁楼思 2012 · · · · · · 170
334. 五亭桥遇神仙 2017 · · · · · · 171
335. 瘦西湖徐园记 2020 · · · · · · 171
336. 登栖灵塔赋广陵风 2015 · · · · · · 172
337. 杜牧箫声：题瘦西湖 2010 · · · · · · 172
338. 文游台叹苏轼秦观诗为知己嘘世上素友难得 2012 · · · · · · 173
339. 咏邮城：题盂城驿 2017 · · · · · · 173
340. 运河天上来 2014 · · · · · · 173
341. 桃木歌 2011 · · · · · · 173
342. 扬州悲奇 2018 · · · · · · 174
343. 湖夜记：游北湖夜宴于船上 2016 · · · · · · 174
344. 瓜洲旧梦：夜下骑行入瓜洲渡江边感记 2017 · · · · · · 174
345. 乡情 2018 · · · · · · 175
346. 题高邮马棚清水潭 2009 · · · · · · 175
347. 仙湖夜雾：暮秋夜宴闭过明月湖遇骤雾 2018 · · · · · · 175
348. 瓜洲怜 2011 · · · · · · 176
349. 菩萨蛮·梅岭秀 2015 · · · · · · 176
350. 扬州慢·乡怀 2021 · · · · · · 177
351. 好事近·簪花亭四相之慕顾 2009 · · · · · · 177

九、花石篇

- 352. 腊月梅新 2015 ········· 180
- 353. 夏花秋叶：题紫薇 2014 ········· 180
- 354. 海棠志 2018 ········· 181
- 355. 水仙花 2012 ········· 181
- 356. 榆英祭 2017 ········· 182
- 357. 枫叶吟 2015 ········· 182
- 358. 金陵题莺尾花 2005 ········· 183
- 359. 题石楠 2019 ········· 183
- 360. 黑蝶弄花 2017 ········· 184
- 361. 题葱莲 2013 ········· 184
- 362. 斗芳心：题山茶花 2005 ········· 184
- 363. 石榴花 2008 ········· 185
- 364. 吟花三首 2017 ········· 185
- 365. 哀柳：古诗赋记梦 2016 ········· 186
- 366. 题油菜花二首 2009 ········· 186
- 367. 仲春：题东门柳 2014 ········· 187
- 368. 腊梅思春：和窗下梅花 2006 ········· 187
- 369. 春吟 2012 ········· 187
- 370. 处暑二首 2021 ········· 188
- 371. 蝉 2015 ········· 188
- 372. 秋日 2016 ········· 189
- 373. 春雪惜时：由杜甫诗起 2017 ········· 189
- 374. 春信 2012 ········· 189
- 375. 春雪 2010 ········· 190
- 376. 冬踏圆明园记 1998 ········· 190
- 377. 题枣林湾园博会 2018 ········· 190

378. 竹叶旧思：题个园 2011 …… 191
379. 何园欧风 2006 …… 191
380. 新河美：游三湾公园记 2018 …… 192
381. 双虹：题盆景园桥、大虹桥 2016 …… 192
382. 唐多令·春雪 2011 …… 193
383. 长相思·春歌 2017 …… 193
384. 虞美人·梦春去吟百花怜 2018 …… 193
385. 一剪梅·芸薹秋望：赏菜花开惜春短望秋将至 2004 …… 194
386. 解连环·望春云 2009 …… 194
387. 闲中好·冬日花房睹艳 2020 …… 195
388. 一剪梅·题蓝雪花 2022 …… 195
389. 潇湘神·望湖思 2010 …… 195
390. 如梦令·春光怜 2019 …… 196
391. 鹧鸪天·见木芙蓉赠赋后蜀 2022 …… 196
392. 风入松·冬末盆景园观松提笔 2014 …… 197
393. 虞美人·竹园咏荷：游个园 2013 …… 197
394. 阮郎归·一朵玫瑰 2022 …… 197
395. 天仙子·酢浆草 2022 …… 198
396. 一斛珠·飘香藤 2021 …… 198
397. 清平乐·七夕夜看格桑花 2022 …… 198
398. 卜算子·逢牵牛花思远 2018 …… 199
399. 蝶恋花·柳边乘舟闻千里香题 2009 …… 199

十、剪影篇

400. 茶气仙子：香阁饮茶听茶娘叙茶经 2017 …… 202
401. 便益门桥看龙舟记 2019 …… 203
402. 潇湘吟：题小提琴曲《梁祝》2019 …… 203
403. 郊渔记梦 2019 …… 204
404. 露台饮茶 2018 …… 204
405. 鼠梦惊鸿：闻火神山、雷神山医院完工 2020 …… 204
406. 白衣天使 2020 …… 205
407. 花都汇购鹦鹉归 2019 …… 205
408. 方巷行记 2019 …… 206
409. 英烈赞：瞻烈士纪念馆记 2015 …… 206
410. 乡村行扶风踏夜 2016 …… 207
411. 戌时阳台花架结工赋 2022 …… 207
412. 菜娘鱼妈：晨起买菜记 2017 …… 207
413. 郊游眺道上高舆记 2008 …… 208
414. 月台听雨 2016 …… 208
415. 叙余年：颐养园唱《最美夕阳红》记 2018 …… 208
416. 望寒鸦 2012 …… 209
417. 题《东罗碧水》：参观兴化东罗镇新村建设 2018 …… 209
418. 逢花神于乡苑 2020 …… 209
419. 与坡上丁香和语 2020 …… 210
420. 村寺 2015 …… 210
421. 电视片介绍梯田美景记 2017 …… 211
422. 秋日游月塘张家洼高粱地 2022 …… 211
423. 蓁爱：见园中遛犬思 2013 …… 212
424. 咏恩歌：感于生活之事 2016 …… 212
425. 蝼蚁怜：感于所见 2016 …… 212

426. 五彩世界记梦 2019 ·········· 213
427. 古运旧事 2015 ·········· 213
428. 吟岁 2018 ·········· 214
429. 童子 2009 ·········· 214
430. 木马歌 2019 ·········· 215
431. 挚友捐鸿：题旧事 2005 ·········· 215
432. 童乐 2017 ·········· 216
433. 忆儿时：再顾老地委大院 1999 ·········· 216
434. 风吹旧梦：题月份牌 2009 ·········· 216
435. 重游旧居地官第 10 号 2002 ·········· 217
436. 游中学原址记 2013 ·········· 217
437. 汪氏小院侧记 2010 ·········· 218
438. 岁梦：春返随园 2019 ·········· 219
439. 思读 2009 ·········· 219
440. 父言记：一段红色记忆 2017 ·········· 219
441. 母育寄语 2020 ·········· 220
442. 八六子·题连续剧《亲爱的爸爸妈妈》2022 ·········· 220
443. 菩萨蛮·时初夏游郊惊春忍去 2017 ·········· 220
444. 江城子·东方乐：得新碟听古乐情动 2009 ·········· 221
445. 南乡子·观《CCTV 音乐厅》大型舞台剧《丝路·青春》叹人生如舞 2018 ·········· 221
446. 玉楼春·观影《你好，李焕英》2021 ·········· 222
447. 踏莎行·乡野车骑 2016 ·········· 222
448. 浣溪沙·中秋记梦 2018 ·········· 222
449. 卜算子·游子 2018 ·········· 223
450. 点绛唇·三月游桃园 2021 ·········· 223
451. 闲中好·翻旧照 2016 ·········· 223
452. 西江月·儿童放学出校记 2022 ·········· 224

453. 浣溪沙·席竹林惊山溪声脆浣溪沙词画若现 2019 ·············· 224
454. 水龙吟·陈集古镇记 2021 ·············· 225
455. 淡黄柳·少年情：悲苏仙谪途 2018 ·············· 225

十一、轻谣篇

456. 收愁谣 2011 ·············· 228
457. 胭脂谣：题《胭脂扣》2015 ·············· 230
458. 文姬谣 2011 ·············· 232
459. 秦风谣：观影《神话》记梦 2016 ·············· 234
460. 大唐谣：西安游华清池忆 2010 ·············· 235
461. 世事谣 2010 ·············· 237

十二、余篇

462. 感于宝黛葬花对白 2010 ·············· 242
463. 人鱼情：观影《美人鱼》感人鱼美 2017 ·············· 242
464. 夕花饮月 2018 ·············· 242
465. 无伤而诗 2018 ·············· 243
466. 悲兮大汉拓边 2009 ·············· 243
467. 史歌声声：读《史记》叹恢弘 2009 ·············· 243
468. 天歌 2010 ·············· 243

后记

古风篇

一、古风篇

1. 怀尧梦 2016

清钱谦益《和州鲁氏先茔神道碑》云:"箕裘之美,侔于带砺,积厚流光,斯已信矣。"庶几古圣者据苍怀耳,念万世而谋足下。兹积厚流光之意哉,博功愈重,恩德愈广,渊兮而聚于后也。《荀子·礼论》曰:"故有天下者事七世,有一国者事五世,有五乘之地者事三世,有三乘之地者事二世,持手而食者不得立宗庙,所以表积厚,积厚者流泽广,积薄者流泽狭也。"斯积厚者,无乃祛于德乎?非也,兹有天下者有天下心,积乎德也。

尧梦卿云日月连,鹿台聊祭凤凰天。
扶摇直上追云鹤,志忐而行入瀚渊。
天命从周怀古圣,黄钟执宪畏贤言。
谦谦君子观天瑞,聿聿五伦评六联。
天赐仓颉出易典,歌吟汉室叹红颜。
仲尼御鼓传千世,乡觉牛铃耕碧园。
古韵逍遥天地健,春秋沦落谷风残。
虽然奉道传香果,莫劝今人赌眼前。

2. 三星堆谒词 2018

渊渊上宇漠烟沉,杳杳云书卜梦生。
曾去月堆鸣佾舞,愿伏阳鸟见刀人。
三星远顾殷墟鬼,四海翻泊大禹孙。
前有天邦出甲骨,今还蜀月亮荒城。

3.题影《神话》：祭蒙恬蒙毅2014

蒙氏，秦之霸，功擘而含冤，零露以泣涕。其心高洁，着戎妆而比三秀。其志若海，望远漠而俯帝域。其神千代，驾玉勒而埋九国。尔以襟袖清朗，寒得跣跗之归。夫獯鬻筹算，奈何失命。非其身之灾，乃雄世之祸。咨嗟，吾不悲其生之多舛，祁憾士之义勇鲜矣。曾子谓君子："可以托六尺之孤，可以寄百里之命，临大节而不可夺也。"蒙氏之，是也。惜千古，叹九天。

　　　　幸与龙宸相大侯，长鞭远驾荡三秋。
　　　　子婴诎渭献天玺，旧将含泉侍御舟。
　　　　心有芳洁多傲尔，怀失清素算无休。
　　　　而今又到寒食日，一地落红吟梦愁。

4.揽秦史颤三车氏及嫔妃殉葬憾古悲人1999

　　　　龙驭上宾妃胆寒，
　　　　朱宫杂沓阙阑珊。
　　　　长歌唱挽哀声烈，
　　　　百媚啼空平夜寰。

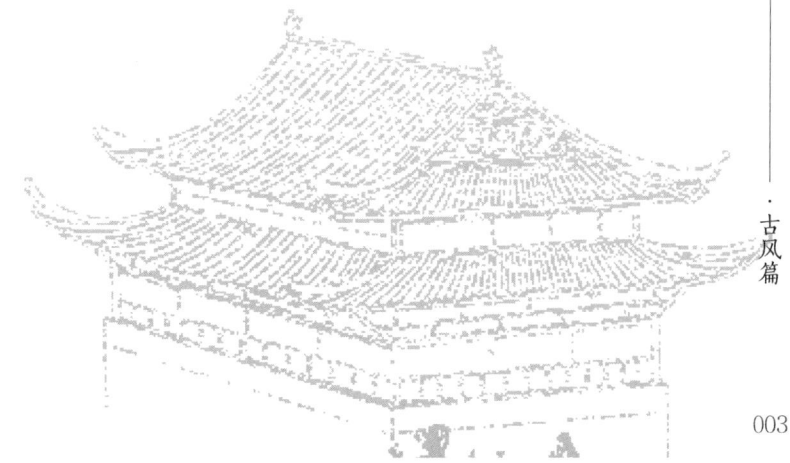

5. 晋颂 3 首 2014

　　游上中国兮，诗经之淳，楚辞之佚，乐府之瑰，又岂止燕歌与赵声乎。屈原悲湘君，宋玉仰神女，子建慕洛神，柴桑隐桃源，遹求厥神，遹观厥菲。上古奇风，胡宁兴于乱朝也。云魏晋之玄风异学，成齐梁之迤逦休文。此两朝不逾百年，立世须臾，亶衔古风以勃兴，上惊屈宋，下惭李杜。永明者也，究声律，辨四声，避八病，约平仄，计音韵，工对仗。复言之宫体，其歌靡奢，虽贬而谓之淫声，然用典之极、声律之工、言藻之丽，瑶艳于中华。吁兮，观唐宋似艳峰不及，夺诗囿疑遥岸难浮。尔其宫色媚而女性菲，糜光蜃而岩峣岚，后有越者乎？其势开唐宋，启明清，通千朝之门。娥眉粉黛，哀婉柔伤，红袖丽姝，百转千肠，咸渊于此矣。五言之法门，句韵之先河，七言之厚祖，恭一世之作，赠百代以黄金耳。

（1）和李商隐《南朝》"金陵王气应瑶光"句。

千秋百代又新人，
不比兰陵采赋声。
才踏瑶光还陌路，
吴歌一曲始飞魂。

（2）

笑言七子比七贤，
莫负相逢伴酒仙。
虽有齐梁天阙乱，
唯听艳曲两朝间。

（3）

都说晋燕向虚空，谁料汉歌宫体隆。
城短世浮皆勿扰，心鸿声漾愈从容。

6. 唐风踏行 2014

君不见，李白千赋笑红尘，
不唱小家歌玉门。
吟又吟，塞外多吟胡马壮，
诗中且看百城芬。
人逢盛世昨日酒，月洒春乡今夜灯。
无奈青山虹映水，何愁御马眼飞神。
悲不悲，欲悲只会悲白发，
渴不渴，若渴从来渴鲍羹。
长向贞观寻九命，千夷跪殿颂君臣。

7. 题苏美尔 2016

苏美之沓哉，印章之轩哉，法老之宏哉，炎黄之厚哉。古之四芳，三支为塚，覆于子砾耳。尔乃向洪荒猎于渊源，辉煌疑成孤迹，鲜艳流落暗史。今千方之地，三圻已矣。希腊求知义，佛道念生途，儒学美俗纲。夫文明之宗正，非执念以信仰，徒立于哲学与思想者也。罗马之于基督，天竺之于婆罗门与佛陀，中国之于儒道释，皆非偏执盲信。予生活以哲学，立上法约民习。悠悠哉文明矣，奚贵乎？

纵有两河溪水声，
再无法老筑金城。
九方八土烟无迹，
又起沉沙裹雁风。

8. 妇好耶律惊楚材 2016

自阪泉合华之始，尧风夏雨，秦统汉立，有隆唐富宋之声，爰拓疆于西域北原，治政于东海南国，终兴文明于天下也。此天功皆衔环于二节，一曰妇好，二曰耶律。若夫不出妇好，鬼方偃夏，吾族危矣。夫不出耶律，殃灭汉裔，无族之今矣。前有妇人之一勇而立我辈，后源君臣之一言而续之命。噫嚱哉，华夏龙骇，劫迎万千，诚悫以一刻，时萌于初定。怀吾尧灯，乘黄出地，沧麒行风，光照八表。若免二人，若何？复去甲骨于印章之遇乎？泱鸿泱鸿，比脆酥酪，兆长兆长，系于一鸿欤。

　　　　　白狄住鬼方，妇好刺苍狼。
　　　　　君愧楚材谏，帝羞赵宋亡。
　　　　　蟠龙三起舞，玉爪九驰光。
　　　　　一跃天河外，遥听梓曲扬。

9. 冬过京城夜思 2015

　　　　　天飞窗雪烙冰花，
　　　　　扶枕轻眠入梦槎。
　　　　　皇阙朱台帝乡事，
　　　　　今朝只恋上宫茶。

10. 见风车思干戚 2018

郊西，风车连于旁，立玄穹之下，葱翠之上，盘风旋迅。近之，旷乎大耳，压千峨，颤百灵。尔其搏翼如干戚，威势似刑天。《山海经》记刑天为炎帝复土，操干戚以舞，搏身于黄帝。刑天非莽夫也，其为炎帝旧臣，酷好音乐，制《扶犁》《丰收》，集为《卜谋》，乃仲尼之所尚，君子者也。今见风车，如刑天之至，未有不壮矣！

　　遥天闻舞唱《扶犁》，寂寞风车落日西。
　　旧梦常羊问玄女，干戚断首向东夷。
　　迎风止泪声留北，罢户南迁心更凄。
　　炎帝悲催称世祖，刑天逆路照忠仪。
　　素听乡地乱芜满，忽遇神兵雁阵齐。
　　巨子搀云背远月，与鹏比翼负长离。

11. 过殷都：题《麦秀歌》2019

　　吟歌寻旧地，
　　何处最悲凉。
　　十载轻轻过，
　　风吹两鬓苍。

12. 题阿房宫 2019

　　唐杜牧吟咏阿房宫冠玉崔嵬，其不在宫之盘盘，长桥卧波，实指翠紫烟浮，玉阙呜呼，故谓"秦人不暇自哀，而后人哀之"。由是，终达由哀而鉴之，不复后人哀也。余见誉禄之声周流，明察者亦跫然而趋往，虽衷喝而不止也。兹若遇阿房之沉骨不见云尔。咨嗟，君可度与？

　　　　阿房无意落春颜，
　　　　无奈江山几度残。
　　　　一代繁华轻过去，
　　　　几哀皇阙换阿环。

13. 清明祭：题晋文公之臣介子推 2011

　　古见血书："割肉奉君尽丹心，但愿主公常清明。"遗者晋文公之臣介子推耳。介子曾割肉奉君，大恩于晋文公，后身火相煎，抱柳而亡。晋文公念其恩而赐柳树为清明柳，令清明前禁烟火以寒食祭之，谓寒食节，后两节渐合传至今也。夫厚哉烈哉，明君忠臣偕于华夏，千年文脉复倚砥砺云尔。

　　　　臣肉君食请莫惊，绵山柳色到如今。
　　　　寒食日至悲凉祭，故剑情伤百陌寻。
　　　　白马素车吹几日，迢迢渌水却时新。
　　　　为伊春种清明柳，且送来生数朵云。
　　　　抱树焉因林跨火，捐身只为尔孤淫。
　　　　浮华斗艳终离去，一尺冰壶比万金。

14. 大秦忆 2008

当时佚剑惊秦阙，今日千秋系宝华。
落雪飘飘长梦起，归巢罣罣艳阳斜。
千年休问焚书过，万代但听百世家。
烦请秦皇常作客，涛来吞月卷黄沙。

15. 楚汉思：题于彭城之战 2007

项羽以三万将卒，半日内破汉军六十万之众，大胜于灵璧，刘邦则孤身逃之下邑。战前，刘邦令张良为军师，陈平为参乘，有周勃、樊哙、夏侯婴、灌婴诸路将帅，萧何镇守栎阳以补军资，辄定汉大将谋臣庶几尽悉，惟独缺韩信耳。时因高祖不屑于新收偏裨，支韩信于废丘以应章邯，故而远离彭城战场。于时，韩信谓项羽气数尚盛，曾力谏汉王攻齐，再以计折翼彭越而孤于项王。或若汉王听于韩信，焉有彭城之遇！可谓得一人而得天下也，韩信未用，彭城归于绝。下邑一劫，韩信上矣。彭城之战，悉为韩信上位列隆礼。嗟若，汉云空回，楚月凝波。战兮战兮，将来何如？云驱六十万之性命识一人哉！

才笑鸿门是妇仁，又传睢水马吟声。
汉邦天相落灵璧，西楚云车扫靥风。
乡介无心朝帝阙，潇英故作让秦尊。
将侯空好放虚酒，不懂豪杰拜作神。

16. 孔子学琴记 2018

孔子学鼓琴师襄子，十日不进。师襄子曰："可以益矣。"孔子曰："丘已习其曲矣，未得其数也。"有间，曰："已习其数，可以益矣。"孔子曰："丘未得其志也。"有间，曰："已习其志，可以益矣。"孔子曰："丘未得其为人也。"有间，有所穆然深思焉，有所怡然高望而远志焉。曰："丘得其为人，黯然而黑，几然而长，眼如望羊，如王四国，非文王其谁能为此也！"师襄子辟席再拜，曰："师盖云《文王操》也。"又传之，歌有遏云之说，《列子·汤问》曰："薛谭学讴于秦青，未穷青之技，自谓尽之，遂辞归。秦青弗止。饯于郊衢，抚节悲歌，声振林木，响遏行云。薛谭乃谢求反，终身不敢言归。"艺有尽乎？未也；人有神乎？是也。

再抚三绝万古通，学琴五对见岐翁。
秦青何似心不改，襄子穷穷拜旧鸿。
唯有逍遥听古训，才知惆怅是文功。
以琴论教风流对，吐玉连珠切笃中。
秋衫寒飞人溘溘，方食裾敛步匆匆。
悲声又起怜周月，偶作回眸径径空。

17. 天下谣：题《山海经》2016

　　清人视《山海经》为戏文小说，由好奇之士所作，其不及之地皆侈谈耳。今有稽考，《海外经》非华夏域内，盖覆世界之古貌。殷闻三监之乱，武庚败而亡于东夷，遂由东夷迁之北美，兹有殷地安之族名者也。夫大壑神话、十日传说、天狗、击鞠、轿乘与太极，乃至草药和骨针等，皆非偶得可以释也。墨西哥古遗址近出汉字玉圭字片，"俎娍茧翟"，徒殷商之祖先矣。"亚俎司多月，蚩尤多，瞒，并"，或祭祀少昊，尤，先祖多妇，相士和王亥也。"十二示土"，土即社，即祭祖之制耳。《山海经》言岷山"其兽多犀象，多夔牛"，此之记述，或解三星堆象牙之迷。《列子》言《经》之怪物为大禹治水途中亲见，其说常为正史疑之，通观上论抑或可信哉。又传太阳出于扶桑之下，《梁书》记扶桑国于大汉国东二万余里，其土多扶桑木，后人据此咸指于日本国，亶《经》记与此述何其同也。诺已，吾祖未有远途乎？胡宁以鸡犬相闻藐先祖之胸襟？夫短光者吾之辈耳！

　　　　　　扶桑岂指是东洋，山海天机破古荒。
　　　　　　才见东山吹帝号，又逢西阙祭前商。
　　　　　　扶舟倚棹飞东海，御浪摇帆笑武汤。
　　　　　　箕子不朝居丽岛，武庚惜恨过白江。
　　　　　　沟塘自是惊新地，妇好何曾惧鬼方。
　　　　　　不解当年三监事，只言夷郡碧圭黄。
　　　　　　孤瓢行水窥天小，原木易沉空作梁。
　　　　　　莫道云游皆鹿梦，惟吟吾祖踏悲凉。

18. 玉环罪己 2007

贵妃梦醒听月，秋道风凄问凉。
此去天河港港，而今夜月泱泱。
霓裳凤羽檀口，沙府冥池雁堂。
纵使红颜易老，兹须九域流光。

19. 暮行观广场舞记 2016

吴地楼台勾践舞，越人耕纺楚国臣。
前朝泪聚吟风醉，古影身长无揖声。
今日和春收箭雨，曾经入梦奏秦筝。
踏歌唯把风情舞，扶影相摇鼓乐沉。
沙场归来磨马刺，夫差不见有兵尘。
留得刎剑传千户，不去东吴羞帝尊。
将相如今皆入土，姑苏岂止献阳城。
先人道遇皆和色，敢问当年吴越人？

20. 题边塞诗 2010

黄雪低云漠野空，胡骑望我满天虹。
浪游边外支行帐，敢笑中原无矢弓？
汉将山前刀仵立，王宫院后燕争篷。
剑轻闲对羌狄马，鸟倦欢鸣左舍风。
踏雪听遥寻万象，斗春思舞载飞龙。
天朝祭拜升星月，千里擂台博汉雄。

21. 题《卿云歌》2017

上古有《卿云歌》传之，赞舜帝功成而身退，位揖于大禹，舜率百官和唱《卿云歌》以显拥禹之盛况。其歌云："日月光华，弘予一人……迁于圣贤，莫不咸听……精华以竭，褰裳去之。"尧之光，舜之德，禹之功，大乎幽旷。是谓古之玄道，隐于迢迢，方皇卓立，伏广辽已矣。夫圣者众望如北辰，穿之若日月耳。惟以纪大禹之丰碣，溯尧舜之古风，述先民浮德戴圣之美俗。中华之悠悠，恰以德为初萌，殊别于西族，乃文明之奇兆也。

卿云缦缦在瑶池，三帝凤裳伏揖姿。
积厚流光封大禹，新威四射馈天慈。
吟风莫外瞻悠古，奉道皆缘正祖师。
傩舞祈福登岣嵝，云歌颂禹唱尧时。
弄涛三夏岁千日，极卜五风年万石。
帜羽飘飘插碧落，闲呼旷宇应声迟。

22. 题《赤壁赋》2017

　　东坡游赤壁，抚舷而歌，属酒明章，窈窕兮明月，爽籁兮微岚。云意起于"挟飞仙以遨游，抱明月而长终"，心收于"哀吾生之须臾，羡长江之无穷"。嗟乎！吾举曹公以横槊，惜秦王以短世耳。东坡幻于"孤鹤"，梦以"羽衣"，吟孤心而透冰玉，上空穹而得瑶光。人以须臾，佛为朝暮，奚啻逍遥以居列子之身哉！临秋水而逐夏滨，抔饮长江，眭以银河，周流千里而不知几何也者！

　　　　莫说苏子谓高情，少有柔肠皆汗青。
　　　　明月休得闲作客，清风总是爱歌吟。
　　　　但挥秃笔朝天喝，又起龙翔择路行。
　　　　一往横江过娇雁，当年羽衲尚飞今？

23. 唐风吟 2017

　　　　夜夜笙歌共羽裳，月明幽蜀枕辽荒。
　　　　半壕秋水收偃月，千尺云浆埋大唐。
　　　　天仗九星依北斗，地生七魄动千肠。
　　　　卧龙焉会怕风旅，大漠沙洲谁故乡？

24. 春秋吟 2019

　　春秋士彦，遨风轩敞，气吐碧天。临高丘而不畏，望十纪而追志。夫墨子爱义，孔丘言丈，庄君睨官，独毋尚私与己利云尔。稍后，虽有李斯之仓鼠，亶聚屈子之傲气，泣荆轲之重义。士之风舳，行为善天下者也。兹秦汉帝成，士之去矣，于今之尔尔。昔屈原问天而叹："宁溘死以流亡兮，余不忍为此态也。鸷鸟之不群兮，自前世而固然。"终无叙，忻而唱曰："奏《九歌》而舞《韶》兮，聊假日以媮乐。"其"媮乐"成《九歌》而舞《韶》，偷兮偷兮，闲娱云乎哉！君尚其节，奚得令辰哉！

　　　　帝阙逢君叙百秋，蕙缥缠剑玉光柔。
　　　　沧鸿野渚摇千棹，紫气云门雄九州。
　　　　博雁士风忽溘谢，悲歌楚韵自空流。
　　　　凤灵稽颡曲身叩，夜夜猜谋为避囚。

25. 列子御风 2014

　　　　列子御风风御龙，
　　　　蟠龙幽卧锁天宫。
　　　　今朝户户高台对，
　　　　谁踏蓬莱仙路中？

26. 题窦宪勒石 2015

　　窦宪会奸稽落，勒石燕南，逐匈奴于欧圻，变世界于东方，其功亦上于霍卫矣。"士有怀琬琰以就煨尘者，亦何可支哉！"东方朔谓之类亦"虎"亦"鼠"耳。明清文人丁耀亢，曰其有卫青之韬略，乏长平之处晦，因而"君子知其不终矣"。史之奇幻，有神可待乎！兹之弃命而疏宫争，惟征北而躲泱祸，复巧拔其性，得上宇之惠顾，此乃大汉之兆卜，焉窦氏之性定哉！

　　　　天清何事水风平，鼠跳偏闻五岳惊。
　　　　难许辟宫攀断岫，恰逢吟虎上浮云。
　　　　北驱稽落望罗马，功记燕然屠九卿。
　　　　本是游鱼逐细浪，却留青史暗长平。

27. 中华烈 2010

夫上史干旄征征，硝烟崩腾，江河溢濞，千军驰骋。《诗经》记牧野之兵势，曰："牧野洋洋，檀车煌煌……时维鹰扬，凉彼武王，肆伐大商。"其歌恢弘，其言壮哉。昔闻猛将佚于征杀，咸无孝亲与辟田也，至若西人以病夫谓中华云云，此等盖为误识矣。夏始吾祖，虽讲孝亲，亦非苟成，惟身赴邦国，慰友拔剑，余以畅欢耳。今常念孔子儒慧，独不见专诸之鱼肠，荆轲之易水，豫让之吞炭，聂政之胞姐者也。中华之烈性，谁与刀淫？噫嚱，中原逐鹿，华夏定矣，夫阪泉立炎黄，涿鹿放东夷，常羊兮中原拓之。

未有英雄轻爱日，谁听李广泪长亭。
长鞭飞弩夺胡塞，只为安乡守孝亲。

28. 戍边拓宇 2007

苏武牧羊惙惙，羌狄血祭惶惶。
思君踏梦悲远，卧雪孤歌恨长。
西域胡音苒袅，漠原丝路苍凉。
流光蒸润云汉，月露惠泽瀚章。

29. 汉歌吟 2012

龙城洗剑笑胡威，千里追风北漠回。
但赴边疆成卧骨，惟谋君酒赐离杯。
恨无天路魂归去，悲遇琴声泪待飞。
洒向凌云空溅血，奈何身后复悲催。

30. 知北游致贤文听劝学 2012

庄子悦心游，息梧桐，衔贝文，饮洛水，博怀之子矣，非吾之常志。无知乎，非也。其曰："知北游于玄水之上，登隐弅之丘。"黄帝告曰："无思无虑始知道，无处无服始安道，无从无道始得道。"道无知乎？庄君无知而有"心"，曰："无心而不可与谋。"心之大，天地尽矣，"知"不及。

　　　　望尘思赋不关愁，
　　　　心海观风始自忧。
　　　　未入平川牵玉马，
　　　　若逢蛟浪叹龟舟。

31. 项王绝唱 2011

　　英雄末路楚歌扬，意入乌江情未央。
　　但卷黄沙苍饮马，何留残月剑披霜。
　　桃花落去春寒烈，天地相歌秋意凉。
　　楚梦烟霞夕唱挽，玉人红粉夜觉长。
　　迎风赐马官亭笑，为友削颅凤骨香。
　　最后逍遥得快战，生前谢幕斗华章。
　　微身但使垂千古，薄命何惜赠陌乡。
　　若教飙光流异彩，不贪秦阙睡龙床。
　　相逢不怕夜飘雪，聚散犹如凤与凰。
　　九域迷离魂已断，再寻风月两茫茫。

32. 鹓鶵吟 2016

《惠子相梁》：惠子相梁，庄子往见之。或谓惠子曰："庄子来，欲代子相。"于是惠子恐，搜于国中三日三夜。庄子往见之，曰："南方有鸟，其名鹓鶵，子知之乎？夫鹓鶵发于南海，而飞于北海；非梧桐不止，非练实不食，非醴泉不饮。于是鸱得腐鼠，鹓鶵过之，仰而视之曰：'吓！'今子欲以子之梁国而吓我邪？"庄君逍遥，鹓鶵之风，鸿鹄之志，蛆蚁以何仰喻也哉！

鹓鶵千里落梧桐，一路扶摇雪练风。
为到阊阖迎玉液，不栖村柳卧楼松。
天天馥郁惊书秀，夜夜和风恨影空。
我自如星放高月，尔吟庄赋诉秋蓬。
鸱食腐鼠犹甘味，鸟好金笼为慕荣。
已是折腰拜司马，何谈从此不相逢。

33. 悼项羽 2008

莫道英雄爱美人，谁听姝子厌良孙。
飞飞黛落天河泪，罢罢君欢别曲声。
空踏水风犹有祭，双吟蓬月再无门。
项王虽死英姿在，何患骨消无后尘。

34. 感箕子朝周之哀 2016

《麦秀歌》曰："麦秀渐渐兮，禾黍油油。彼狡童兮，不我好仇！"杜甫伤其诗曰："白屋花开里，孤城麦秀边。"箕子，商之忠良，周之彦师。其明夷之教，传洪范制九畴，中华立国，德之成矣。箕子东朝，似有三说，一为武王厚之，厥以东游。归朝谒于天子，时维过殷都，历萧野，思旧殿，环目而潸然，故有麦秀之吟。

    箕子朝周抚前殿，泣禾如妇对荒离。
    贤臣负恨孤云落，王事难怜野鹤骑。
    夜梦桑歌瑶液冷，白屋斧月麦烟凄。
    平添乱世猿公手，挂胆彤廷捻作泥。

35. 玄夜记梦 2012

子时抚枕，有尧象入。红凤群飞，绿凰鸣天。闻上鸿楚讴之声袅袅："朝饮木兰之坠露兮，夕餐秋菊之落英。"疑至中庭之地，瀛台瑶毹，玉果仙桃，周簇蕃芜。吾欲弄持，有声曰：勿停。倏尔宝刹云逸，悬澄空，涣晕轮。又声曰：尔之家也。立而停，有崔嵬者，曰：汝未酬，去。及许由前，曰：吾视尧玺为耳垢，视九土为缥臣，樊坚从言，耻饮下游，尔何其浊也，吾不与言。远处燕儿，娇声柔媚，夫以穿错空，飞云霞，踏仙尘。余望远而叹，见帛绵如长云，上隐隐有诗云：

    金枕难眠梦断时，
    谁人敢笑许由痴。
    不知今日君何往，
    只报旧城归燕迟。

36. 君艺邪 2009

宋王爱书画，元帝秀辞赋，玄宗著霓裳，徽宗笔瘦金，明帝求细工，诸君治江山于无能，入术艺于精进也。夫秀辞锁土囊，霓裳束玉环，瘦金浴朱后，细工悬煤山。于熙！若夫皇亲艺邪，社稷之难乎？唐宫尚歌舞而衰于艺，宋廷善诗画而讪于南，明君喜雕工而绝于海，故虽墨传千载，乃弃国于万劫。其有例外乎？据载，明熹宗朱由校酷爱木艺，又魏宦乱政，虽不能祖法尧舜，宪章文武，厥有荒淫而未误国，彼谆言敬于皇后，呵育其弟朱由检，终传位之。言威帝皆添宏图，而贤帝之贤难于同矣！孤家寡人，得乾坤之上，何以云哉？史如大荒，若无君之游艺，吾焉有泱泱乎玄社哉？

几见明宫求燕角，唐皇制乐贵妃吟。
辞工代匠灵修醉，泼墨满朝山水清。
不是宋王怜翠笔，但羞词艺后公卿。
悠悠皇阙踏节鼓，浮翠听风传妙音。

37. 龙门石窟 2017

犍陀罗，其风映古。卢舍那大佛坐而起浮，尔其似吟月含笑，博尽唐佛之容与也。夫龙门景致，不流外象，谌内以精微，厚以史沉，非凡夫可解之耳。至于韵，厥染风蓄雨，垂馨千祀，淘百代以汜风流。

曾撞佛音意未识，老来相对恨无知。
武皇殿后千声醉，卢舍佛前万代痴。
天阙婆娑还九洛，龙门飘逸舞天姿。
风和最是唐金粉，欲罢惟怜窟与诗。

38. 题龙门《礼佛图》3首 2014

龙门皇甫公窟北壁，立浮雕，名《礼佛图》也。遐观其气颂洞，迩临其色苍桑。吴带当风，曹衣出水，或不逾此耳。嗟乎，上幡刹而昭昭，秀名声以远风。时北魏行汉制，融中原，兹有释道宣武，曲成后冠之故。当年杨白花南走之时，胡太后泯妆追思，作《杨白花歌》，其心诚婉，若比明皇之伤，焉有秽意云乎？邹马豫章之才，萧郎潘士之风，慕而不得，爱而不成，唯自伤解其哀哉。老子曰："勇于敢则杀，勇于不敢则活，此两者或利或害。天之所恶，孰知其故？是以圣人犹难之。"此言意之长远，焉有不应者也。充华逼于黄河，涅灭之间，复以何言对之。今雕浮阑珊，独不见桂韬螺钿，五綵旌幡。寒寂寂寥寥，迩闻恍惚，似胡后携众臣于窟下，佚遏之遥浮。

（1）

窟深石冷瑟低吟，刹那之劫诉与今。
似有法华覆三海，通天冠上桂风凌。

（2）

礼佛反入妾宫娥，
得位也曾申讼车。
本是无心成祸水，
奈何尤物附龙阁。

（3）

千里涛声荡古愁，
龙门灵后泪悠悠。
身虽入梦黄河水，
但问杨花何处流。

39. 题首阳山 2016

首阳山，非凡属。周初伯夷、叔齐守节于此，汉有田横"五百祭"名垂其下。田氏英烈，刘邦称之"贤"，司马迁为之"慕义"，韩愈曰之"耿光"，皆以慕辞赠之。清人陈廷敬咏叹："至今沧海上，天风激清流。"明人周番歌之："山函巨谷水茫茫，欲向洪涛觅首阳。穷岛至今多义骨，汉廷未许有降王。断碑卧地苔痕重，古庙无人祀典荒。识得灵旗生气在，暮潮风卷早潮扬。"感于首阳之气，亦和古人之叹也。孔子谓伯叔为"求仁而得仁者"，此仁毋仅于慈与忍，而在国之大序。尔乃伐君行道可谓小序，尊体立纲谓之大序耳。故以德化君，谏而死乃为义也。太公曰"此义人也"，止兵伤之。司马迁曰："末世争利，维彼奔义；让国饿死，天下称之。"得此誉，不过耳。人有谓之迂腐而不明者，乃困于薄识浅道。其较之田横，义贫乎，非也。

无数前贤埋厚坤，卿卿五百祷英魂。
首阳山上敬尧禹，烈士途中断义身。
古梦多怀忠与信，新诗复念帐和坟。
伯夷也叹屿风冷，不见后来踏浪人。

40. 洪荒吟 2017

二零一六，体坛出洪荒之力，戏娱之余，引洪荒以遐思与敬畏。古人云，天地玄黄，宇宙洪荒。夫原初之际，雪虐风饕，先祖力辟江河湖海，望琼瑶，瞻瀛洲，拓扶桑，坐蓬莱，尽洪荒之萧吟。《庄子·秋水》喻神鸟鹓鶵容孤气贵，其言道："南方有鸟，其名为鹓鶵……夫鹓鶵发于南海，而飞于北海；非梧桐不止，非练实不食，非醴泉不饮。"司马迁《史记》论及《山海经》《禹本纪》时，指其述昆仑之景："河出昆仑。昆仑其高二千五百余里，日月所相避隐为光明也。其上有醴泉、瑶池……"迁以为过于荒诞，而"不敢言之也"。古人述洪荒，其言之跌宕，令余辈汗然。斯今科技虽力及宙宇，人之胸襟姑出于汤池之勇乎？

> 禹王扶九鼎，夸父渴西峰。
> 决汩洛川上，回头朝日东。
> 蛮荒擒猰貐，缱绻醉残红。
> 一剑指天阙，幸得有汉中。

41. 八声甘州·燕然山怀古 2012

> 看凌烟将相卧西关，铁血荡黄沙。
> 赖艳风轻卷，戎裳横耀，胡夜连霞。
> 帐落美人凄泪，大漠锁哀笳。
> 曾是汉公主，琴月为家。
>
> 谁解遥途思念，问戍儿和鬘，唯有琵琶。
> 似春来日暖，欲采燕然花。
> 探乡音、望鸿听雪，入汉廷、鬓已半霜华。
> 寒风起，少年披氅，又饮离茶。

42. 长相思·觅首阳 2010

杏花香,李花香。
落地无声流水长,青山也寸光。

心苍茫,意苍茫。
佛火难修觅首阳,劝君舍五黄。

43. 临江仙·梦漓水古越 2019

夜梦中秋今日,风携月妹还家。
裙拖漓水月拖霞。
风情留古越,天路满双鸦。

最美只观三月,醉心唯念苗花。
人间事事淡如沙。
春来随梦去,秋到品陈茶。

44. 酒泉子·征歌 2020

月抱河西,昨夜秋风走马。
收关山,迎鸾驾,宴香迷。

可怜人在他乡死,无处听谢纸。
深闺吟,哀似似,恨依依。

45. 六州歌头·蜀风楚月 2005

猇亭月淡，埋骨忘悲催。

炎帝泪，南路昧。

蜀风微，楚歌随，枊鼓櫼枪坠。

迎环珮，接环珮，金殿醉，嵬坡慰，梦潆洄。

无语问天，刘项谁应愧，霸上烟垂。

恨无春梦夜，系马倚清闺，雁北高碑，笑南归。

念桃园会，虞姬泪，鸾凤配，玉成灰。

朱色退，红玉碎，梦花飞，泣花飞。

楚子寒笛脆，噙仙桂，舞冰蕤。

迷月睡，沱江水，笑含悲，纵目何方，欲问三星鬼，蜀阙当谁？

古今峨眉月，一样劝春杯，览尽余晖。

# 文化篇

二、文化篇

46. 飞天 2017

敦煌飞天，自十六国始，历十朝，千余年，达元而终。其非时久，幻于西域之风，惊于沧桑之变。夫异色奇姿尚尔，况伴香艳与鸾乐乎。西域艳风，天竺神祇，中原道仙，莫不偕之。鲜卑浮以轮光，党项含之深目，中华媚于冠髻。苍穹浩浩，龙飞蜃天，吾类灵犀终得以生焉。

> 扶风借步玉清台，秦女横遥月色开，
> 散尽天花阒婆舞，当怜六道乐天哀。
> 晋颜唐黛添舒袖，汉乐胡歌引梦怀。
> 佛踩琼云悲问世，道生蝉露苦和灾。
> 辰空不是闲游处，道浅难修涅宇才。
> 旧念山川彭祖老，不闻华夏四方来。

47. 题影《剪刀手爱德华》2012

或许，善良只是一个谎言，真诚永远只在童话里。爱德华最好的归宿，大概只有古堡的肃穆能够回答。寒冷的星空，无言的苍穹与远方，似巴黎圣母院的钟声回荡。

> 雪落边村天堡寒，美人噙泪向伽蓝。
> 莺啼鸟啭惊玄谷，花谢花飞祭楚山。
> 焉可迷城逐雉客，方知佚剑指狼关。
> 朦朦月色夕岚冷，漫漫青篱百灶蛮。
> 信手闲云琢玉树，凡尘岐刹剪人间。
> 世风萧瑟有朱秀，残梦难飞请玉鸾。

48. 题昭君墓 2009

漠雁声哀哀帝威，悠悠羌草夜芬菲。
身还雏鬘遣君面，香欠銮仪续汉碑。
借路阴山天落雪，屈殇嫁子泪归谁。
闲君抚燕婕好弃，旧爱难逢琰女悲。
光禄塞前星夜远，胡天孤雁域边飞。
大青山断乌拉岭，楚楚云回凤阙闱。
莫怪云烟浮塞外，只缘公主入胡帷。
天宫谁识昭君意，但见荒坟野雀归。

49. 风情谣 2017

人生若是解风情，
虽踏行歌不负心。
变作孤鹏摇九瀚，
乘风坐月化轻盈。

50. 长卷吟：题北宋王希孟《千里江山图》2009

唐王勃《滕王阁序》曰："落霞与孤鹜齐飞，秋水共长天一色。"其句以惊天，及夫希孟，何以述之？余赠诗姑以铭之乎：一画垂青史，十八入梦天。帝皇得慧眼，不懂少年闲。

春倦妖娆难尽收，谁得天韵是风流。
天涯咫尺收遥路，墨影惊鸿泛远舟。
故里寻芳松子落，江南祭月水村愁。
十八应梦追朝日，不看闲云独自悠。

51. 题电视连续剧《婉君》2005

　　一个女孩叫婉君，一帘幽梦再难寻。
　　心有彩云湧窗外，西楼月满泪痕新。

52. 三月赏桃花感杜甫《春望》2009

"感时花溅泪，恨别鸟惊心。"悲之有过此句乎？唯以小诗一首和杜君耳。

　　桃花不懂山河碎，又吐芬芳寻故人。
　　早已新朝喧旧殿，故人难见梦飞魂。

53. 问天使 2009

　　天使鼓肥翅，飞天顶凤环。
　　东人傩舞劲，西马草风间。
　　秦女浮轻亚，玉鸾腾尽欢。
　　风徐袭玉带，月透踏玄潭。

54. 怀伤：题歌《长安故事》2014

　　望长安，玉殿城香，丽人婉婉，青台杨柳，泣涕涟涟。巍巍乎华漫之都，娥眉失于宫禁，袅娜亡于兵戎。《三国》有诗云："司徒妙算托红裙……凯歌却奏凤仪亭。"泰戈尔曰："生若夏花般绚烂，死若秋叶般静美。"生命须臾，朝暮不住。求美妍而无衰，可得欤？李夫人之容，虽艳若夏花，奈何命比秋叶耳。缠绵悱恻，焉倚长安乎？哀哉，兹柔荑与牵肠，玉瑶而绝梦矣！

问劫无数世飘浮,三界轮回道本初。
叶落终需还恻隐,春来依旧慕姑苏。
月失残照纵相忍,情负绿珠堪以诛。
尤物迷离倾汉紫,桃花风婉卧芳奴。
既然歌震咸宫壁,何怕粉妆宦海途。
玉殿琼音泪成雪,长安古道送啼乌。

55. 七夕斗巧 2017

春解七夕梦,
情人候夜长。
女红娴未至,
针恐试柔裳。

56. 宫怨二首 2021

（1）

青琐情多素,
雕梁怨更伤。
新怀知吐乳,
白发懂含霜。

（2）

梦里秋灯冷,
坟头野树欢。
笙歌听夜短,
几度断金环。

57. 闺怨 2010

纤纤酥手束腰枝，
湿泪沾巾还寄思。
夜夜春风闺望月，
红消香殒在痴时。

58.《桃花扇》记 2012

《桃花扇》，金陵遗梦耳。弘光残岁，悲情离怨。惜桃扇点贞，叹香玉空许。噫乎，会当踏栖霞，可欲白云庵；如遇清道士，复问绣妆奁；梦枕夕峰岫，与君索芳年。尔其荒世吐艳，命理舛驳，心气尚洁，豆蔻涂胭，绸缪忠爱，壮媚而殁焉。呜呼，命入渊星。

扇为信物誓为媒，天赐香君梦作灰。
醉舞桃花和溅血，怒飞云色却曹碑。
太行曾见星如雨，春夜几时风助雷。
不弄红颜谁鼓瑟，除非八艳爱孤闺。

59. 清风：题清代文学 2010

寒锁玉林千叶垂，书臣落泪祭词悲。
太清容若乘风渡，孤影高楼落雁归。
不比宋唐缺凤舞，又回秦汉补天威。
诗求寄语连愁碧，鸟入风中照样飞。

60. 观影《哪吒之魔童降世》2019

　　昔庄子乘云气，骑日月，御飞龙，兹为炎黄之祖，道之仙也。宋玉出《高唐赋》，示女神而歌之。曰："㴿㴿其无声兮，溃淡淡而并入。㴩洋洋而四施兮，蓊湛湛而弗上。长风至而波起兮，若丽山之孤亩。势薄岸而相击兮，隘交引而却会。崪中怒而特高兮，若浮海而望碣石。砾磥磥而相摩兮，巆震天之磕磕。巨石溺溺之瀺灂兮，沫潼潼而高厉，水澹澹而盘纡兮，洪波淫淫之溶。奔扬踊而相击兮，云兴声之霈霈。"其青云正貌，恰比如哪吒踏风火轮之势。陶潜书《桃花源记》，举世外，噬杜若，阙仙闱，鸣长离。境内"芳草鲜美，落英缤纷""美池桑竹"，其人"黄发垂髫"，似以仙茹，当"悉如外人"也。适止影观，妙乎其味，若非得其美耶？曹植作《洛神赋》，仰仙祇以幻幻，梦妖娆以荡荡。奉辞嫣曰："尔乃众灵杂沓，命俦啸侣，或戏清流，或翔神渚，或采明珠，或拾翠羽。从南湘之二妃，携汉滨之游女。叹匏瓜之无匹，咏牵牛之独处。扬轻袿之猗靡兮，翳修袖以延伫。体迅飞凫，飘忽若神，凌波微步，罗袜生尘。动无常则，若危若安。进止难期，若往若还。转眄流精，光润玉颜。含辞未吐，气若幽兰。华容婀娜，令我忘餐。"此神风仙韵，凡尘焉识之？又曰："于是屏翳收风，川后静波。冯夷鸣鼓，女娲清歌。腾文鱼以警乘，鸣玉鸾以偕逝。六龙俨其齐首，载云车之容裔，鲸鲵踊而夹毂，水禽翔而为卫。"嗟哉，吾族文明，独秀东方，象以仙矞，神以自由，克以凤上，搏精卫而茹仙客耳。今日，姑羲和以驭日，光阴以绝前，乃须择梦而娱乎哉。

　　　　　　神心入爻画，仙域尽缤纷。
　　　　　　不晓神仙事，徒拨众妙门。
　　　　　　万千今古道，十纪古今人。
　　　　　　何似东方笑，惟听鸾凤声。
　　　　　　云游风蔚蔚，尘扫地昏昏。
　　　　　　闲伴庄君去，乘黄腾越升。

61. 读严歌苓作品《天浴》2019

偶读《天浴》，知严歌苓，揽其余作。严笔之下，其女若比许地山之墨玉，凄美悲凉。夫闻之若带雨梨花，鸣之似杜宇哀声。西人尼采曾曰之，若见女子，勿忘执鞭耳。夭嬬若何？女本蕃花，云乎水，净乎脂，轻乎蝶。斯姱女永迷，毋捉恒性也。胡宁其流天下必以乱，虽悲却无以怜之，或曰此乎。惟欲而生浊，念谋而失懿，此淑贤端慧之记。

> 严歌吟玉柳，洒泪女人裳。
> 白鹿空莺语，秋胡笑蔡江。
> 珠帘虽半秀，楚色尽沧凉。
> 本是双行鸟，凤飞焉顾凰。

62. 再读《采莲赋》2011

> 采莲声去了无赋，虽有后吟无意怜。
> 偷语学歌词已怯，紫书执手夜庭喧。

63. 读《子夜歌》梦乐府 2020

> 子夜轻风帝宫柳，芙蓉在水绿波红。
> 声悲语泣花摇影，又断残香乐府中。

64. 题《红高粱》片尾曲《九儿》2016

《九儿》歌云："高粱熟来红满天，九儿我送你去远方，九儿我送你去远方。"呜呼，奚有远哉？先秦遗乐府《晨风》，其词曰："鴥彼晨风，郁彼北林。"九儿何归？嫁与苍，息于月也。荡寇声以送，浮天日而相拥。夫轻盈而上，云乎九川耳。

天地苍黄涟涕痕，
于无声处曲惊人。
红天万丈晴空碧，
风送九儿吹月沉。

65. 人鱼思：观影《美人鱼》记 2017

凤鸾山月两凄迷，唯见孤辰落影稀。
夜夜魂牵声切切，时时心乱泪离离。
蛟人水户炊烟袅，藻井罘罳沆瀣依。
惊与娥眉覆三海，仰浮星汉梦朝夕。
沉鱼落雁轻轻泣，闭月羞花楚楚啼。
再入君怀劝君远，天河若见勿吹笛。

66. 王子梦：观影《小王子》思远 2017

星云异域百花天，试借长风碧宇间。
满眼星潮听远户，半壶浊酒向祇园。
呼朋为举桂花酒，登阙恭迎鹤羽仙。
不负吴刚怨娥恨，惟留玉斧楚怀边。
参寒井瑟声弥邈，月近苍低道宛延。
天上逢仙问何事，人间筑路笑耕田。
雍台比目登高府，金马怜香隔翠帘。
来日候得天外客，当寻榜上有轩辕？

67. 秀女愁：题大清选秀 2020

清眉出玉女，
唇吐桂花辞。
顾盼君归处，
芳怀左右时。

68. 倚天屠龙：题《射雕英雄传》主题曲 2016

歌云："逐草四方，沙漠苍茫……射雕引弓，塞外奔驰……藤树两缠绵。"古人逐天雕而遨宇外，浮云气而瞰九世，鸿俦鹄侣，逸雪情风，英雄无家无己，惟侠骨和义胆也。西人鲍曼喻上古之风为"荒野文化"，讽今人域隘心狭，或垢于糟泥之世，或囿于"园丁"。嗟稀，我辈安于肉俎丰食，娱而兴哉，皆乐此不疲。古有《武穆遗书》与《九阴真经》，江湖争而夺之，比今之禄位功名欤？其曲唯心魂以动者"随遇而安"也，声若晨凫哼呓，倚天福而得兆命云尔。天南地北，随遇而安，仰天一笑泪光寒。无忌终悟其道，辞明教教主，与恋人赵敏远走天涯。庄子有"相忘于江湖"之喻，吟歌此时，应知其意之深也。今知范蠡夺天下后随西施而去，非昏愚与痴情，皆以悟道归野。攸攸哉千年，何似吾辈之蒙耳？

冰河铁马踩荒云，千里江湖孤剑鸣。
逐鹿中原擦楚泪，幸得天下动哀音。
武穆玄册九阴在，洪范洛书魔道轻。
剑指苍茫夜飞去，四方随遇燕歌行。

69. 题影《人证》插曲《草帽歌》2012

包含眼泪的儿子深情地对妈妈说:"妈妈,你可曾记得,你送给我那草帽……没有人再能找回来,就像是你给我的生命。"这是世界上儿子对妈妈说的最动人的话。歌声流淌着,静静地、永远地唱着。

月也明来星也明,月无星缀月怜星。
星沉月落关残夜,天幕无星孤月惊。
我若如星尔如月,儿当夜夜偎娘亲。

70. 题李白《春夜宴从弟桃花园序》2011

桃花世界满天红,半隐青颜半隐风。
斩尽尘缘收舞袖,问君从此荡怀空。
孤杯逢酒几分淡,再聚人间何处愁?

71. 鹧鸪鸣悟:题"禅意三部曲"2019

李玉刚有"禅意三部曲",《宝顶之巅》《如初》《菩提》,聆而心以翩翩。《金刚经》云:"须菩提,若菩萨有我相、人相、众生相、寿者相,即非菩萨。"夫佛之无相,乃万法皆空,兹大度无度,咸度于色空也。《坛经》言六祖慧能出于獦獠,礼师五祖,以求为佛,祖言:"汝是岭南人,又是獦獠,若为堪作佛?"慧能曰:"人虽有南北,佛性本无南北,獦獠身与和尚不同,佛性有何差别。"……五祖更欲与语,且见徒众总在左右,乃令随众作务。慧能曰:"惠能启和尚,弟子自心常生智慧,不离自性,即是福田,未审和尚教作何务?"祖云:"这獦獠根性大利,汝更勿言,著槽厂去。"此典乃戏侠也,佛隐其中云尔。"自心常生"乃佛之本也。今闲听《如初》,忽见窗外有飞鸟过,其影楚楚,不禁怜起,故以记之。

袈裟悬鹤骨，雀鼠惹尘云。
不解禅中意，空闻鼓上音。
玄歌清且彻，鹓鸟幻如垠。
轻羽长风舞，千甘润翠翎。

72. 闲听《霓裳羽衣曲》2006

聆《霓裳羽衣曲》，遐之《八佾》之言："《关雎》，乐而不淫，哀而不伤。"唐皇质贵气朗，逸而不淫，隆雅而修艺，不失皇乐之势，比乎庸庸尘娱之乐，乃云泥之别矣。

可怜载羽醉霓裳，一句倾城语未央。
碧瓦朱甍献侈奢，昭阳艳赋道彷徨。
吹笛抚玉梅影旧，起舞惊鸿玉脸黄。
帝梦乘风还洛水，来欢一夜尽春光。

73. 别如梦：题《阳关三叠》2008

离别之伤，古之悲也，焉可于我辈绝矣。故逢歌而不能止泣，忆往而不能欣然。歌曰："楚天湘水隔渊星，早早托鳞鸿。""噫，从今一别，两地相思入梦频，闻雁来宾。"哀乎，祖道留故人，相别十里亭，霜云泣高天，寒露晓晨星。别如梦，余以书之。

梦频觅雏鬟，乱语诉心讴。
湘水楚天对，春容君意柔，
去虽香已远，来亦恨悠悠。
尔忆长亭曲，我披乌纳裘。
愿君得若木，为爱作扁舟。
乡梓故人泪，鳞鸿飘素秋。

74. 潞琴悲 2012

明潞王朱常淓，嗜古琴，所制中和琴，名垂千古，史称潞琴。清名士夏莲居咏曰："劣制庸材滥宋唐，琴林亦自有沧桑。潞藩三百今余几，飞鸟群中孤凤凰。"潞王降清，终为清人所杀，此琴纳为乾隆宫藏，且于琴背题诗曰："古锦囊韬龙门琴，朱弦久歇霹雳音。安得伯牙移情手，为余一写山水心。"潞王当年燕雀处堂，难悟艺邪命蹇之理。古有伯牙中秋之约，吊音潸然。高山流水，遥之汉阳江口，其音荡逸，贯汉天以闵怀云尔。知音者，望樵夫而断弦也，乾隆琴背赋诗，谓知音者耶？潞王献琴未得上遇，非绝琴，乃绝命也！呜呼，江山迭转，时命无常耳。

潞琴高曲怨何多，从此八灵哀泪沱。
风祭性天声沕穆，情随碧水意漂泊。
朱玄献舞无人看，古色传音难作歌。
不教子期绝汉口，可怜俞氏怨江波。

75. 人之辱：题人类动物园 2014

　　以虫兽为园，乃史过千载，兹《诗经》有记耳。西人亦见于石刻，余之，法老王坟皆然。夫以人为园，去衣裸身，况乎近欧之史已矣。西人广猎部落人种，立园以观之，俾格米人曾与猩猿合栏而圈云云。后西人思反，"土展"渐失。其时，华人并无幸免，晚清女子为美商胁骗出境，裸脚览之。此辱亦不止于黎民，据传封疆大吏、两广总督叶名琛，其以杀太平军而擢迁，塞与西人行"六不"之策，西人恨也哉。英捕叶于兵舰之上，将之入物园以展游。夫不忍受辱，于其内绝食而亡之。

　　　　百足三寸戏高螂，蛙口五分吞汉露。
　　　　皆是红尘日月天，却留西土空劫渡。
　　　　菩提树下慧根兴，魔狱城边猿梦固。
　　　　万类昌和逸舞时，星流左道云翻布。

76. 题仕女图 2016

　　　　声娇如翡翠，兰指若金钗。
　　　　君笑红酥手，妾含桃色腮。
　　　　游情相顾盼，莲步复轻抬。
　　　　最是香和软，依依渴玉怀。

77. 百助筝 2013

　　曼殊赠筝女百助，诗曰："乌舍凌波肌似雪，亲持红叶索题诗。还卿一钵无情泪，恨不相逢未剃时。"呜唏，斯梵歌唱尘花之声欤？

抱得愁梦入梵宇，
踏尽尘途情泪飘。
百助柔烟天飨客，
风流何必悔春娇。

78. 汝阳酒声 2018

某日闲阅论文，副题现"以汝阳县某校为例"，旋而臆踏于杜康村，但见古道沧桑，凌波阡陌。杜康作秫酒似若眼前，时维村烟袅袅，酒坊香飘，杜仙赤足裹裳，卧泉而思，似与白胡老者语。由之而感，因作此诗。

一见汝阳思杜康，
梦言游语论文章。
书堂已在中原路，
满是虚涛热古肠。

79. 苏轼王安石叹 2015

寻梦唐宋文坛，宿儒闳衍云聚，唯苏君令人艳羡。乌台诗案时始，非只司马光出手，且王安石亦力劝皇帝释罪。一对师徒冤家！虽政有殊途，但操守如一，乃文人桀骜。介甫免官归隐，东坡又野服造访，不意留梦金陵，轶为佳话。二人相互戏谑，诗斗景旺。王安石咏菊兴起"西风昨夜过园林，吹落黄花遍地金"，苏轼则嘲之"秋花不比春花落，说与诗人仔细吟"。王安石《字说》谓"坡者，土之皮也"，苏则以"滑者，水之骨也"回怼。

平朝授玉辱昭骐，但恨狼臣赠彩衣。
奇凤轻盈食素练，芳凰漠漠对侏离。
曾听墨客吟嘲事，过谒金陵话旧谊。
虽有乌台天设诡，难闻唾井道相讥。
梵心无恨笑天下，愁腹难言怀梦期。
浮度三生诗与酒，不留残怨在朝夕。

80. 题于南非变迁 2018

曾有珠光映塔涛，尔今尤是半旗摇。
貂头诗性比王莽，义命风骚收御刀。
从此帆翻自来去，又得萧手谓吟高。
邨氓声乱闲翁事，黄茂根深厚土夭。
汉武秦皇终未必，悲风涕雨究分爻。
一朝欢宴看装秀，入梦才知踏断桥。

81. 包拯情：观影《开封府》记 2018

包卿偕义骨，义正更柔情。
腰佩江湖剑，气扶斜汉星。
香莲噙玉马，寒骨锁霜凌。
才落封天雨，又结苍木冰。
心悲讴薤露，卧甲卸朝巾。
莫教青天易，犹逢侠客行。

82. 题张爱玲短篇小说《红玫瑰与白玫瑰》2016

轻举梅花闲对月，
且听百羽乱鸣声。
满院琼瑰心上雪，
谁人作画献吟魂。

83. 捣练子·《万水千山总是情》听情柔声切 1999

花有意，水无情，生逢聚散泣长亭。
聚相怜，散莫寻。

今日醉，应无惊，是非黛怨敛悲音。
去何处，秋雁行。

84. 西江月·随朱湘《采莲曲》寻荷洲上赋柳而作 2010

淡淡河边路柳，溶溶洲上潮烟。
清园看去画楹联，今日朱君谁见？

笑对菱花论道，任凭霜雪吹帘。
满江浪水睡瑶仙，几度莲荷香溅。

85. 钗头凤·阳阿之舞 1998

春阳醉，楚声媚，幸得廷舞金环佩。
牵云凤，怀幽梦，薤露黄黄，莫愁难诵。
梦，梦，梦。

屈流水，宋迭翠，玉宫白雪骚辞泪。
阳阿贡，红尘痛，汉水潇潇，几番波动。
痛，痛，痛。

86. 如梦令·题清改琦《桃林伴鹿图》2020

白鹿踏石忧驾，庭外惊鸾姹娅。
花瑞暖春寒，何数旧愁离话。
心怕。
情怕。
九陌练云西挂。

87. 自度曲·莫愁记梦 1998

随园堆雪，含欢攘袖。
月挑繁若，梦断金陵。
凄声听苦等，相逢问来世。
莫愁湖边道莫愁，兰风絮语卷残音。
玄武别、奈河清。

88. 浪淘沙·舞与人生：观舞思远 2020

絮软柳风回，残叶纷飞。
擒欢把酒梦中悲！
舞尽余生知是错，幕布将垂。

恨舞不相随，花落声微。
戏无真假鼓节催！
心许诗怀闲似舞，千里如归。

89. 青玉案·入蜀思高唐 2020

巫溪水暖芬芳烈，落香雨、秋眸泻。
一桨一帆一桂月。
一轩春画，一舟红叶，淡霭缠高岳。

几许愁梦一江雪，几处寒声百川晔。
欲赠云梳隔燕越。
高唐难去，飞花可借，闲道行孤野。

90. 一斛珠 / 怨春风·题月份牌 2021

春颜素素，今朝绝代风华露，古风时尚逍遥处。
踏笔朦胧，尽洒秋花雾。

臂软轻轻推旧户，申城欲醉香风舞，夜寒阵阵滴新露。
画满烟阳，不看桃花树。

91. 声声慢·题《四愁诗》2009

风吹雪路，雨断秋思，可怜失梦迭榻。
惶怯青云，未寄貂褕休罢。
朱颜镜前声泪，待回眸、无限牵挂。
贪春晓，恐一生难见，锁窗怜画。

无语流年暗度，泰山远、何唱小乔初嫁。
星夜扶栏，独自舞风潇洒。
苍池溶溶淡月，望秋岚、楚琴瑶厦。
残春碎，更秦讴、剑披霜甲。

92. 渔家傲·雩舞 2007

雩坛三丈春祀咏，祓除衅浴黛眸动，旋驾神风遥古梦。
沂曲弄，醉问雁去知谁送。

三季无花心事窘，秋花一现春思痛，只等来年诗与共。
东岳耸，花飞不累佛门重。

93. 调笑令·题清李密庵《半半歌》2009

其句"心情半佛半神仙，姓字半藏半显。一半还之天地，让将一半人间"尤贵。

春半，秋半，漠海红尘吟断。
红尘玉白花香，漠海灯灰月荒。
荒月，荒月，春去秋来香谢。

94. 摸鱼儿·砖雕物语 2014

巧梳云、细缠松月，砖刀转眼成墨。
梦中红杏哀缘误，愁壁容容香落。
玄凤过。似许许、淡花绿柳峰交错。
醉妃鸾卧。半院碧桃红，夕阳几度？莫叹清池破。

一堆梦，花雪罗裙春末。
画中黄柳知否？闲天空转风依旧，谁报佳人归所。
天浣沃。方尺满、九州关尽藏寥廓。
金门玉锁。锁不住乡愁，吟哦更甚，惜客步离索。

95. 彩云归·西湖记梦 2017

秋风暮雨扫西湖。
又纷纷、落叶情孤。
空彩云远去归无定,更忘却、艳骨将无。
犯苍浪、烈坟相顾,墨娥噙泪书。
向夜月、恍添新梦,客醉乡庐。

啼呼。
西泠落絮,夜茫茫、一遍烟浮。
是非岂在,香散湖底,死也真途。
铁马哀、魂归旧地,几许春念还都。
悠悠岁,惟叹今朝紫凤如初。

96. 鹧鸪天·往事留梦:题《城南旧事》2014

梧叶惊秋满地黄,城南旧事画中裳。
絮飞杨柳影留梦,雨打竹船夜透霜。

人已尽,岁犹长,酒杯空落宴碟凉。
几回莲藕春叠蕊,又看来人踏野乡。

97. 潇湘神·忆双娥 2012

山迎春,水迎春。
一江醉雪抱花城。
茶饭屋中思旧帝,渔工撒网祝新神。

98. 捣练子·题琼瑶《六个梦》2010

春梦碎，鬓丝黄，夜来无梦更凄凉。
对花烛，寻梦乡。

一个梦，几回香？梦中眷幸泪如霜。
雨菲菲，梦长长。

99. 蝶恋花·听南屏晚钟记梦 2020

问却楼台君客旅。
月洒凌霄，莲影蓬莱浴。
如梦如烟泪依许，凡缘虽好风尘聚。

寒枝别柳如风去。
又到春归，唱尽无眠曲。
曾是怜伊梨花雨，十年旧梦相思续。

100. 念奴娇·赋《射雕英雄传》主题曲《铁血丹心》听后 2009

雁鸣塞外，望江湖乱雨，相泣藤树。
百里雕扶，踏夜雪、恨未重逢失路。
淡淡心思，难随风过，欲探春窗故。
桃花香满，却听剑野孤宿。

曾看几度芳华，清明又祭，旧时娇声妒。
点点流云，教忘却、终是闲飞无处。
笑语缠绵，金环攘袖，哪怕佳期误。
烛红心暖，泪飞尽赴西楚。

101. 酒泉子·题《上海滩》主题歌 2007

寂寞烟城，刀映霁红寒怯怯。
夜斑斓，风错越，手牵坟。

蝴蝶万里传归梦，恨教子规啼泪纵。
踏斜阳，招九凤，泣声声。

102. 虞美人·题《晓寒图》2006

冷华晨吐色惊秋,轻叹镜边愁。
凤池摇翠陌烟收,柳绵舞怯怨声柔,几回头。

玉鸾初戴锁金钩,默念探窗羞。
醒来思梦语无由,是他旧日赋中讴,恨悠悠。

103. 忆秦娥·题清刘彦冲《听阮图》2015

似依稀,梧桐寂寞芭蕉凄。
芭蕉凄。
阮弦情动,玉指迷离。

镜中留梦仙华袭,东方九凤琴中集。
琴中集。
竹摇听古,风醉朝夕。

104. 鹊桥仙·题唐王建《霓裳词》2011

帝欢一曲,艺欢一见,背后啼痕依寄。
直等得、腊月又催春,痛莫恨、明儿是几。

华清月满,霓裳玉动,台下别声泪起。
踏梨园、寸舞断黄金,总要去、香留旧迹。

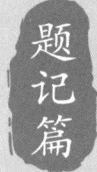

三、题记篇

105. 题欧阳修《醉翁亭记》2012

云哉："醉翁之意不在酒，在乎山水之间也。"太守醉于山水乎？又云："得之心而寓之酒也。"其心何处矣？范仲淹作《岳阳楼记》，曰："先天下之忧而忧，后天下之乐而乐。"嵬嵬乎，休辞兮；浩浩乎，烈言哉！千古馨诒。仲淹殁，欧题碑复引此句，铭碣而达志云尔。其心何乐也，天下也。环滁山，百姓游而禽鸟乐，修"醉能同其乐，醒能述以文"。兹鸣以醉，亶奉慈民；乐以山水，言乎表耳。

西池虽桂月，洛苑醉瑶图。
无意执龟寿，相逢问鹤途。
翁亭歌似阕，春殿笑如初。
不怨松风紧，只因太守孤。
君归连碧水，色动贯云书。
天下九宫驭，唯怜薄汉都。

106. 读《淮南子》记 2017

淮南子奇书也，接黄老，扬道庄，喻天教，入事叙。言之皇皇，语之酣畅。以神物鬼灵述其理，爱古之神话借以传之。又名《淮南鸿烈》，羌鸿也广大，烈焉光明矣。兹蔚蔚然旷哉！然则，此非悉全，中有暗诡。诚居私挟意，盖为贬帝策之用耳。安之玄道，终以戎兵争业，解矣。

流沙西去梦淮南，鸿烈八公举凤冠。
古训溥溥既成濞，今言灏灏又凿山。
若无刘氏书神话，焉有咸池浴日观。
子耳孤高博万里，关尹为友共仙坛。
帝尊儒好驳黄老，鸿烈心诚还武鞍。
不解其中说信史，咸听乱语自弹丸。

107. 题白居易《琵琶行》2008

好一句"浔阳江头夜送客"！《琵琶行》哀婉袅于烟波之上。关氏夫殁，白题诗转赠："黄金不惜买蛾眉，拣得如花三四枚。歌舞教成心力尽，一朝身去不相随。"盼盼接诗绝食香殒，白居易旋因悔而遣放侍妾樊素与小蛮，哀叹与惜婉意之宁馨，其悔乃深矣。关盼盼回吟之句："自守空楼敛恨眉，形同春后牡丹枝。舍人不会人深意，讦道泉台不去随。"情海茫漠，何止于此也。

春风闲度望浔阳，一曲琵琶倚梦肠。
何故又言风月处，尔今难舞燕楼苍。
茫茫江水谪愁敛，六六红绡樊素泱。
似已诗穷何赋祭，只听挥涕薤歌长。

108. 读元稹《连昌宫词》2018

"连昌宫中满宫竹，岁久无人森似束。""尘埋粉壁旧花钿，乌啄风筝碎珠玉。"此景何以哀，阆翁何以泣？夫乃凡性不可救矣！恰如《宫词》所曰："我闻此语心骨悲！"

    连昌老叟已仙离，杨李幽魂披旧衣。
    大厦将倾思舞粉，彭殇无力报归期。
    须知亘古皆同路，漫教一时破玉机。
    误以淫威行仗剑，得逢天阙斗村鸡。

109. 题李清照《夏日绝句》2012

"至今思项羽，不肯过江东。"尔乃心之素淡，何以应势，良辰共月，何以天落耳？九皋远乎似孤云，白鹤洁乎但身微。苟叹春草，期高云，感若木，怨秋风。烛辉韬映，晨鼓囍囍兮而惊夜乌；丘樊斡弃，弓羽嚣嚣兮而射空穹；嬿婉太息，三垣鼐鼐兮而向素光。悲哉，夫孤心甚于孤身也。

    相逢旧笑共吟花，
    犹是温情诗赌茶。
    忽见龙驹亲蓼莽，
    拥怀一首笑孤家。

110. 读《班昭传》叹《女诫》2009

十四出闺豆蔻童，随缘落寡锁才容。
汉得兄妹九天幸，昭续旧章三史隆。
初辟荒蒙竹韵古，复观玄历女官穷。
惠班才琰阆清照，少艾含灵咏汉鸿。
谁让马融儒子怯，不知读句女儿工。
从昭翰院得时俊，藏卷东观举世荣。
女诫七篇惊梦悸，残年九载锁诒风。
一根教尺宫威漫，善女苔岑不敢从。

111. 题《尚书》2015

　　池门东西，泮宫南北，鸿书博邃，汗青历历。云乎问天机而不予，至琅嬛到何年？孔子修《尚书》，浩以百篇，自始皇革儒，传世尽焚。秦亡，出伏生"今文尚书"，旋又得孔安国"古文尚书"。时维《尚书》花开两朵，竞于一世。永嘉年间，匈奴陷洛阳，后西晋灭，其皆佚之。东晋初，豫章内史梅赜献《尚书》一部，真伪逾千年议而无断。今出清华简若干，考《尹诰》《说命》等文与传世《尚书》一概不符，自此终有定论，梅本《尚书》伪作也。书案虽明，宗本不求，百朝千代，劫掠焉终！恐族浅而追古，畏鸿空而昭书。嗟乎，诚感而诗之：盛时起兮愈风临，文苑昌兮太浩兴。

秦火才催八斗出，伏生又遇比梅书。
阎间佝瞽诚多难，郢客仓皇作孽奴。
天露九重不相见，世开三道也沉浮。
行得刹海收珍秘，不解梵心踏净途。

112.《梁甫吟》叙 2013

诸葛亮《梁甫吟》，吟声悲切，尔乃余觉不解，诸葛一生兵戎，贵至宰相，未闻受小人挟持陷害，尤于英主逝后，尽掌蜀国军政大权，其何来"二桃杀三士"之感叹？然则，观《隆中对》继之《出师表》，明也。《隆中对》首开其言："亮躬耕陇亩，好为《梁父吟》……"其感其叹非惧小人危言，而在执誓忠诺云尔。夫有出齐门而据暗宫之伤，其言之悲壮，其信之撼天，不可尽语。故而，伐魏之举实不在胜而在忠焉，欲乎刑天夸父之祭也，天定以三国之势，乃卧龙难飞耳。诺霸业可成，汉室可兴，表北定中原，还于旧都之信也。呜呼，终以哀收之："今当远离，临表涕零，不知所言。"归哉，不知所云。读之，岂能佚逸云乎！

  与君三尺间，难止泪如涟。
  鸾凤千年逝，长虹碧血牵。
  隆中天下对，三顾未期迁。
  但解出师表，方知旌鼓边。
  刑天何善舞？夸父好逐天？
  赤壁硝烟去，风来书祭言。

113. 武皇今歌：题《曳鼎歌》2018

  将军征万里，埋骨为封侯，
  青鸟遥日月，鸣凤扶五州。
  妆台接紫殿，罗舞定三秋。
  圣主撩云鬓，万臣皆语休。

114. 题曹操《龟虽寿》2019

朱颜何为慕倾尽，
但用白毫勾洛书。
盈缩期期咏天上，
皇皇日月共琴壶。

115. 柴桑颂：题《归去来兮辞》2015

汉马融，逢饥劭，有大将军召为舍人，不甘而终投，遂以古人之言慰己曰："左手据天下之图，右手刎其喉，愚夫不为。"潜虽据图却不仕，奔百里以扶菊。夫长风之人，焉似短眺乎！诚辞所曰，乃"质性自然，非矫厉所得"，会须如"云无心以出岫，鸟倦飞而知还。……富贵非吾愿，帝乡不可期。"陶翁之心，解之勿流俗耳。兹清风起而心怀泱，菊水饮而高风扬。故其有"怀良辰以孤往，或植杖而耘耔。登东皋以舒啸，临清流而赋诗。聊乘化以归尽，乐夫天命复奚疑"之感慨哉。

手捧菊篮踏故间，扶云问月种桑榆。
曾怀蓬阙闻阊令，何醉孤帆乡梓鱼。
昨日桃花付流水，如今桂露赠高渠。
君挟风骨欲归去，百里歌声横玉虚。

116. 题王勃《滕王阁序》2012

序曰:"怀帝阍而不见,奉宣室以何年?""舍簪笏于百龄,奉晨昏于万里。"故生"钟期既遇,奏流水以何惭"之怀声。尔其心力弥高,气禀轩达,恨无海而展其鳞耳。夫心与神同往,情与心相煎,乃百罹之极。明人胡应麟曰王勃,其才可列唐人之祖,今言其生,徒留悲凉也。

艳阳染尽起悲风,二六韶光入夜辰。
疑似新得桂花语,算来偏遇斗鸡翁。
挥毫点画流水影,落笔尘埋最可人。
翻海鲸吞少年梦,复惊秋晚踏归声。

117. 不归人:读纳兰性德诗集记 2010

书中有泪泪无痕,
只愿案香逐世尘。
天海流来半壕水,
轩门等见不归人。

118. 兰亭歌:题《兰亭集序》2013

传《兰亭集序》遗王羲之后人智永,其又传弟子辩才。辩才擅书画,视为珍宝,藏于梁槛之中。至唐,太宗喜之,遍访而不得。终听房玄龄之计而获之,辩才知晓,遂昏厥于地,惊悸而亡。太宗临终对太子李治曰:"吾欲从汝求一物,汝诚孝也,岂能违吾心耶?汝意如何?"于是《兰亭》真迹葬入昭陵,此为一本。另有盗墓出而流于坊间,终云落天涯之说,无考。序曰:"夫人之相与,俯仰一世……虽趣舍万殊,静躁不同,当其欣于所遇,暂得于己,快然自足,不知老之将至;及其所之既倦,情随事迁,感慨系之矣。向之所欣,俯仰之间,已为陈迹,犹不能不以之兴怀，况修短随化，终期于尽！"哀哉，俯仰之间已为陈迹，修短随化终期于尽？人生皆不过如此，虽终期于尽而弗肯就耳。

千凤和鸣诗笔惊，兰亭香满越流星，
风流长卷九天舞，嬿婉江南百柳青。
为使唐皇盼千里，奈何金象落飞云。
紫冥空冷无日色，勾践闻香止募兵。
何苦种生复言老，莫须随化古谈今。
苍怀一吐入兰梦，白颔旋托风月轻。

119. 古道今吟：题董湘琴《松游小唱》2019

茶马古道至汉起，经宋唐之兴，及于明清，其源可追于茶马互市，为丝绸古径之一耳。其险不可喻，乃有扪参历井之说。清人董湘琴由灌县赴松潘列幕僚，溯岷江而上，约七百里路程。湘琴一介文人，喜吟诗作赋，一路攀援，随游随唱，不觉成万言长诗，取名《松游小唱》。中有晒颂："三垴九坪十八关，一锣一鼓上松潘。"其诗虽佚若轻裘，其言则多容赟重。爱蜀道之烟旻濯秀而迂缓，而足步之艰却蓄以噎涩。李白因感之作《蜀道难》，歌曰："青泥何盘盘，百步九折萦岩峦。扪参历井仰胁息，以手抚膺坐长叹。问君西游何时还？畏途巉岩不可攀。但见悲鸟号古木，雄飞雌从绕林间。又闻子规啼夜月，愁空山。蜀道之难难于上青天，使人听此凋朱颜！"古道之殆危，可谓尽显于诗。湘琴之松游，咏录经途，会当惊乎胜景，哀乎旧迹，牵乎风情，证乎故典，秘乎幽闻。纵其貌，珠玑琳琅，琢琱狩猎。夫行经之地皆为藏羌之族，奇风异俗，目不暇给也。

夜吹荒蜀露溥溥，林啸马哀倾壑渊。
一路松风熏大宛，三城凤阙望楼兰。
茫茫绿翠鸲鹆舞，缦缦菁花朝日欢。
雨助蟾蟥横夜径，风吞虎豹厌身单。
风情难守藏天夜，爱恨唯留日月山。
花自无缘织蜀锦，君来有意取香还。

120. 题《桃花源记》2009

　　欧阳修诗云："遥知湖上一樽酒，能忆天涯万里人。"若赐陶翁薄酒一樽，能忆园外之人乎？"采菊东篱下，悠然见南山。"凭一菊而据天下，归东篱而誉九州，倾桃园之千木，摇扶桑以万里者，陶翁也。隐之云乎？夫游文且聊于贻世，娱盼古指于风尚矣，欣哉！欣哉！

东篱暮影倦红尘，
脚踩菊泥春又生。
休为桃花责太守，
名邦何故好奇门？

121. 题《月赋》2009

　　吾听之"菊散芳于山椒，雁流哀于江濑；升清质之悠悠，降澄辉之蔼蔼"。其长歌曰："美人迈兮音尘阙，隔千里兮共明月；临风叹兮将焉歌？川路长兮不可越。"又曰："月既没兮露欲晞，岁方晏兮无与归；佳期可以还，微霜沾人衣！"时光久远，兹童心向月蒙之若愚，有夜游而未知欣然也。夫临秋寒而赴河西，浮渚水而荡石底，跃滩涂而钓湖鱼。每归犹白月伴途，曲路闲光，是以释少志，馈娱趣，得安性。惟时以朝蕣，世以荏苒，妄湖于潋滟，失读于青春矣哉。于时，吾卧于孤月之下，清夜阑珊，方思于未来。明人金銮有诗云："青灯旅馆添归梦，白云亲舍觅征鸿。"游府院而生寒，非因于孤而独伤于月，未闲于时而唯灼于心。吁唏，日婴依山下，月芳随意转，焉持之性乎！今羁于岁，可擒月于已，虽不能"引玄兔于帝台，集素娥于后庭"，亦可"擅扶光于"东沼，"嗣若英于"西冥。常卧于乡，思之往昔，乱当年与今下也。

支支旧舞送游鸦，夜夜新歌伴月牙。
扶鬓九思寄江带，踏阶三转看童儿。
春花有梦风情夜，秋月无声箫管华。
莫笑君来妒夕籁，为吟愁赋恨晨霞。
惠流成韵章如玉，一语莫从悲似花。
妾怨情寒谢成诔，驴鸣声落又迎茶。
刁童无忌弹弓对，半路骑墙猫虎爬，
三叉五河摇野棹，九牛七背跳堤沙。
高杯举起曾逢月，低首羞闻不懂它。
空负少年徒怅惘，难筹夙命剩浮夸。
前人恩怨放天古，后辈姝云含夜蛤。
西望金陵游虎踞，东行路柳唱还家。

122. 题《秦妇吟》2015

唐韦庄作《秦妇吟》，曲婉悲怜，其出诛于荡寇，其归表于悲情。其集杜甫之哀世，白居易之悯娥，可得花间派凤鳌。后人谓此合《孔雀东南飞》《木兰辞》为"乐府三绝"。又比于杜甫"三吏""三别"、白居易《长恨歌》，为叙事诗丰碑三立。白居易力倡新乐府，韦庄曾与之同寄下邳，倍受惠谛，《秦妇吟》或直达其正声。其研笔之力，誉白氏《长恨歌》、元稹《连昌宫词》之上，堪为睿品。夫闻耀歌而泣于香落，甄宓殒以洛神，钩弋诡有云陵，秦妇吟之忧草欤？嗟乎，悲哉悲哉！

悲风祭扫踏玄章，三海晦腾梦老庄。
楚客花间无艳语，潇湘月下泣新芳。
春红遍野庭寥寞，杨柳堆烟室满疮。
何处可得忘忧草，任凭闲顾点秋香。
宫中夜夜愁新舞，殿外黄黄戏戟郎。
秦妇悲声绝叆叇，凄颜远眺画云裳。

123. 和《剑阁赋》2015

其赋云：“咸阳之南，直望五千里。”剑门关，高风雄立。兹三秦而指楚，其情小焉，其度大矣。嵬嵬哉，李白驰翰，云笔潇啸，其力御北斗，擒猰貐，神矣！历决莽晻莫，过弧矢九星，如蕃华巅岫，浮天弓焱举，气至耳！“望夫君兮安极，我沉吟兮叹息。视沧波之东注，悲白日之西匿。鸿别燕兮秋声，云愁秦而暝色。”情以泼辟之流燕，心如汤井之渊深。嫣歌神阙，知音坦直。醉今日之声，鸦鸦环世，奉高觞以朋宣，或以帝阍或以宣室，其怀若比于叔牙乎！

合掌难别悲去鸟，
天边不应自飞离。
剑门无语向逐客，
鸲鹆有声劝子期。

124. 题《李夫人赋》2006

《佳人曲》其词婉约，倾国倾城，谁见失国之秋。夫倾也者，毁也。《诗经》有曰：“哲夫成城，哲妇倾城。”媚含于悲，弃悲乎？否也。武帝之赋曰：“既激感而心逐兮，包红颜而弗明。”容去何以嗔焉？当年之欢只为一尤物而已矣，《长门赋》之白鹤哀号，《自悼赋》遗秋扇而捐弃也。其兄作《佳人曲》，可谓一代艺祖，且能"与上卧起"，然一家终归于族灭，武帝何伤乎？夫人若不入皇家，些许得夫爱之诚，今何以遮面以见哉！

> 卫尽红颜图艳妆，只因求梦伴君长。
> 既垂怜恤留恩赋，何令连诛忘旧床。
> 万种风情关雪柳，一门鸾艺入松冈。
> 雌宫雄眷潇湘舞，沂曲燕声龙殿荒。
> 恨被当初收上苑，羞听来世劝耕桑。
> 心如流水牵神马，梦在闺时闹梓乡。
> 若是韶华向风野，难得豆蔻嫁芬芳。
> 吹箫唤尔观明月，扶泪问君安哪方？
> 秋草寒吟花滟滟，坟头悲起鸟双双。
> 汉天昏夜倾冤雪，来日娥颜再换裳。

125. 逍遥石钟山 2010

偶读苏轼《石钟山记》有感。因《水经注》一句"彭蠡之口有石钟山焉"，人哂诘于郦道元，苏轼却夜至石钟山壁下，终究其尽。噫之曰："盖叹郦元之简，而笑李渤之陋也。"

> 苏君无事把书翻，
> 绝壁霜天走夜船。
> 只为敲峦得笑语，
> 其实与尔本无干。

126. 读商韩之法无语 2010

　　法系于宁馨，人法云乎？兽法也！恃其法者，人国云乎？兽国也。冷哉，其文伤道灭，寒哉，吾族之不幸耶！夫闻言以惊悚，听史而蓄耻。洋洋乎大国也，佚佚兮劫浩。奉其声以遵命，惟贫民、弱民、愚民、辱民乃尔。悲也哉。

　　　　　　雯雯乎风雨烈，凄凄哉九天惊。
　　　　　　问尧衔恨无语，祭古羞闻鹿鸣。
　　　　　　既以仁鸿万载，奈何刀指千灵。
　　　　　　残歌过梦如雪，太昊初音若熏。

127. 卜算子·潘岳《金谷集作诗》何添"白首同所归" 2019

　　　　　　春荣代代出，茂柳时时变。
　　　　　　金谷三千几度春，空守红云宴。

　　　　　　算只算来生，悔却羞迎面。
　　　　　　正是愁人梦碎时，如何最恨风尘恋。

128. 纱窗恨·题王国维《人间词话》2019

千盅渌酒寻诗句，醉云门。
静沉湖底梵歌起，祭风人。

卧白雪、梦缠中殿，浮图塔、难锁孤辰。
月转花眠，瑟深深。

129. 霜天晓角·题《紫金夜宴》2022

金台月漾。
斜红秋波荡。
一梦紫金夜宴，声絮絮、烛恍恍。

惆怅。
惜霸上。
雁鱼灯遥响。
新火老汤清爽，今夜月、今夜唱。

130. 喜迁莺·题刘禹锡《陋室铭》2010

京城远，道书鸿，陋室绘苍穹。
凤飞千里落梧桐，楚楚逸如风。

素琴调，金经阅，誓为永贞吟切。
谪途往返论天涯，不看洛阳花。

131. 暗香·题皎然《风入松歌》2003

梵歌也盼。
望美人摇步，风来香散。
暮日禅林，几度金声落霞满。
回梦旧时月色，怎见得、春风人换。
一堆恨、恨又如何？入夜漏声短。

词慢。
曲伤惋。
若雨打寒钟，少商鸣乱。
指佛笑看，轻上九霄与尘断。
月揽星潮千丈，踏白雪、箫声幽忏。
抖红绡、空念远，望城秋晚。

132. 鹧鸪天·题《放鹤亭记》2011

其文有辞："《易》曰：'鸣鹤在阴，其子和之。'《诗》曰：'鹤鸣于九皋，声闻于天。'盖其为物，清远闲放，超然于尘埃之外，故《易》《诗》人以比贤人君子。"今复之，感之。

只道西山鹤影多，难知御士念寒蓑。
鹤鸣皋渚人悲泣，花落残春君为何？

听君赋，与君酌，晓声回梦旧时波。
黄冠草屦葛衣去，木鼓琴声归玉钵。

133. 点绛唇·人生如赋：题李白《上李邕》2018

碎罍推杯，揽空空苍夜挥潇絮。
乱尘离聚，系马讴鸿去。

悲恨柔肠，难平复风和雨。
嘲孤旅，剑声轻许，聊慰曾相遇。

四、人物篇

134. 奇女吕碧城 2017

吕曾与秋瑾合称民国"女子双侠",有"绛帷独拥人争美,到处咸推吕碧城"之象。秋瑾亦曾以"碧城"为号,京域误碧城诗为秋瑾作,用李清照喻吕碧城之才。生为振鹭,却诗诵哀声"护首探花亦可哀",其力潇洒,心乃"护首",何得自如也!又曰:"人去纸钱灰自舞,饥鸟共踏孤坟语。"噫吁哉,慰矣乎。

此女淮家一秀兰,幸得沂水舞雩欢。
愈风弄尽心高冷,绛袖难支艳梦寒。
踏地横天翻世界,画萝轻瑟动骚坛。
秋闺不改当年月,一路流光入夜岚。

135. 感《红楼梦》金陵十二钗又副册之首晴雯 2012

那年山月照初人,几许清流怜意生。
今日芙蓉披旧袄,三更托梦泣无声。

136. 题阮元 2014

半山郊唱映桃花,夜半归舟皋上茶。
昔有兰亭觞坐咏,今闻彩凤翼飞拔。
三朝阁老诒风晟,九省疆臣月宇华。
一代文宗压衍沃,朴学徽派晒辞家。
名文弱冠六十载,槐泗村堤落日斜。
永胜坝边阮氏祭,江阳水北唤娇儿。

137. 题亚历山大 2012

史初，未分于孤裂，相合而交融。疑哉，无承祧而开端，惠孚尹而旁达。谓乎泱漭涤荡，其势磅礴；原宇悠声，其形万方。厥亚历山大者，翊圣兮纶经，雀跃兮堂皇，言以溪辟流泉，漾以桓桓籍壅。史者好设，其东征如不南下而折东于大秦，孰能料焉。时大秦始立，强弩而精铁，尚法而丰食，驱可百万雄兵，将皆横刀立马。犯者，四万重甲，五千骓骑。爰预乎终，乃何？

少帝东征迁九风，横刀不为踏旗门。
力摧九野迎初露，诒教三荒埋旧尊。
筑殿埃及巡印孟，开原大漠挂胡灯。
燕飞高寺入新界，人对立佛惊偈声。
怳梦秦天另择路，难歌铁骑再如神。
秦王悍目朱光剑，意指长鞭罗马城。

138. 题苏武 2008

暂借长河观汉天，风高漠远杳如烟。
一只孤雁雪中卧，万象星河梦里眠。
带砺心归羊血祭，羯妻色媚志轩辕。
十年白发汉臣泪，誓以平生许万年。

139. 共宣娇考 2008

伐北红颜寄命，流坤祸水潇潇。
英姿不对闲语，邦鼓咸听阔辽。
一代天娇缱绻，九滨鸾凤扶摇。
箫声阵阵传泪，兰夜女儿踏潮。

140. 感拉马努金天才早逝 2014

天资于人，徒有尽乎，神之所在，焉与知耳。夜以冥想，梦乎女神，昼生迷式。何俾神于斯？帝居于上，踏云噙露，其车六龙，复知下城乃尔。拉马努金，其去哀哉。

千年梦起数封疆，但入梵天笑帝乡。
一枕长云夺厚古，半窗流月锁金香。
佛天色翠天竺夜，五眼六通珪璧光。
只等春时花烂漫，咸听偈韵夜歌长。

141. 诗之爱：题新月诗人方玮德 2011

方玮德，新月诗人。夫逝，吴宓寄诗以挽新月之流星："旧巷重经景已非，生偷死寄等无归。网遮浅水鱼群泣，风急寒林鸟倦飞。求爱千程知病苦，论诗片语入精微。桌头尚看遗容在，玉柱间凭对夕晖。"嗟哉，诗，可越世，能化敌，甘之为友，释之以怀。故以诗情水净、诗魂友道耳。诗之爱，尚之。余恍恍兮如烟，云似《海上的声音》漾荡："开你心上的门，让我放进去一颗心……"

琅华千点送哀辰，新月吟风唱挽声。
莫道文园争燕语，惟听诗囿拓荒城。
法源寺外钟声起，爱露馨飞菊盏斟。
满是星槎如梦去，忘年契友对黄昏。

142. 阳明佩刀：王阳明生平叹 2015

风声鹤唳帐为斋，坐忘盘膝轴玉开。
似有阳明腾翰墨，焉说泰斗弃军才。
李白一剑叫天暗，岳马三鞭唱忠怀。
披甲木兰今古几？带香虩士为谁哀？
先师万里春秋走，尚父循循洛邑来。
手握弓壶移凤笔，诗吟牧野踏焚台。

143. 叩岳将军 2005

金牌敕令十三道，无意徘徊望北州。
御马龙尘黄辇动，漠烟孤旅将心愁。
须知雪耻在今夜，欲立丰功待几秋。
帝阙朝前戴金甲，月堂生后葬国丘。

144. 题李悝 2012

中国五千年文化，惟害于法家。毁文化之雅儒，戕吟咏之族性，绝天民之矜风。亶法士独以李悝之格破，言法而不倡术者其一人也，出君士而不为利者其一人也，法吏势上而寿终者其一人也。悝开战国鼎革之先河，以《法经》而铭世。吁吁兮，卓耳。

书鸿哀法鬼，不见祭歌行。
说相李君謇，颂辞悝政明。
莫提仓鼠志，最恨术宾淫。
儒子皆相妒，为何得雅音。

145. 弱儒英雄：读《史可法文献记》2004

鹤城萧瑟清风卷，剑指堞楼城下兵。
偏遇弱儒行将命，又逢瘦马住明营。
抚风断喝英雄显，长啸悲催浩宇吟。
愿似梅花秀孤岭，意飞冬雪唤游鹰。
将军不在千斤力，壮士须留万世名。
韩信有谋羞项羽，史公无刃笑风轻。
且还旧事苍穹叹，莫道曾经易水惊。
今看何人春种柳，但寻涕泪古琴音。

146. 感于华裔影星周采芹50年演艺生涯2017

任凭摇落是东风，轻许鸾归雪后春。
日日刀锋杏花舞，天天幼梦杖年成。
香袍艳袄风如柳，玉面夭容美若辰。
惹却风流托壁像，朱颜不改胜天尊。

147. 易水情悲：题《荆轲传》2012

士别觞咏绝绝酒，易水声寒泣鬼神。
不为秦王悲二世，若无大义毁高城。
留得燕舞花飞去，来问梦天星欲沉。
借道春秋乘玉马，相逢举剑战国人。

148. 悲李延年兄妹 2008

月宫龙殿借前缘，
遮面何能嘱后天。
不让韩嫣身起舞，
难知断袖错悲怜。

149. 题十六国

长天北望漠烟孤，一片荒城人鬼浮。
族灭种失从此去，禹哭尧怒问当初。
杀胡令下评章乱，入字卷中天裔鸣。
江看东华摇冷袖，风怜汉月入梁都。
如今再问三秦事，犹若共读华夏书。
唯有洛神送天水，花开漠上映千服。

150. 题郁达夫 2007

每过梅花岭皆感伤于史公,达夫诗曰:"三百年来土一丘,史公遗爱满扬州。二分明月千行泪,并作梅花岭下秋。"云乎史可法舞之焰兮,郁达夫魂之秀兮。二人时相三百,性然续一。此谓弱儒生犟骨,质柔而性刚。皆因爱国赴亡,可谓儒帅诗将,穷身以予国耳。至如达夫为私抗俗,盖古今之罕见。兹以《沉沦》著文坛,以映霞宕时序,无乃缘乎阿凤之名乎!

舟行兀岸墨沉沦,阿凤扶摇北望声。
难是今生牵素女,相吟芳水映杭城。
伊人点瑟香唇泪,玉指挟云碧汉坟。
天有轮回佛偈颂,南国一笑奉明春。

151. 祭高仓健 2015

复日影,日转星移。以一人鼎一代者谁,高仓健也。一人起而日影兴,一人离而日影衰。茫茫分苍而远,健匆匆余怀然。哀欲尽而情涴濑,声未出而休流烈。泛容与于简语,动神伤而轻颜。天佑而不常,何以恶疾于斯乎?夫离世以掬盼,聿寰淫而释之难矣。尔弥留兮,曲遗悲兮:"如果我死去,把我埋在樱花树下……"期许兮,其音弱而杳杳哉。

天生冷面盖千尊,一度腾黄霸九春。
日影风光多笑傲,红颜玉步去无声。
春华绽放人鸿树,佚剑飘摇歌雪城。
满地樱花埋鼓瑟,几时寥落在陵门。

152. 题《夜来香》之李香兰 2013

欲悲胭脂梦，何故夜来香。
时务难知弄，姝颜几断肠。
横波惊荏弱，弹唱指飞皇。
我辈谁听史，咏春裁半窗。

153. 题汤和 2015

汤和有智情当泣，铁戟装帧遣凤阳。
天降裙风吹欲止，英雄不在子孙长。

154. 卷中思：题屈原 2012

《声律启蒙》有："爱见人长，共服宣尼休假盖；恐彰己吝，谁知阮裕竟焚车。"纳兰性德有："天上人间俱怅望，经声佛火两凄迷。"天上似何？地上曾何？兹之人间者也。

龙游阆苑跃初暾，睹卷逍遥怀楚魂。
妻肉换食有吴起，乐羊烹子祭辕门。
丰田在望无人管，玉府淘金万卷焚。
还愿走来知刹海，归家不屑入书城。
顺陪风月收云露，难避鸿书咬典文。
司马迁足登屼嵝，泰山撩日露天真。
缧臣欲上通仙路，仲孟叫谁来续坤。
羞是仓颉造文字，横刀断指放结绳。

155. 风云怜：题貂婵和虞姬 2009

貂婵大义别飞将，血溅虞姬舞瀚天。
为主捐身天借月，伴君寻梦女悲颜。
美人三抱英雄乱，芳蕊半开苍昊颠。
画戟凄凄哀玉面，难得无憾笑云烟。

156. 叔孙通儒乎？ 2009

汉初，儒纲初铸，叔孙通首入其史。其事成之道，多有存异。夫五易其主，塞忠义云乎。戏二世之言，历以垢之，清人洪亮吉由之曰："秦之亡，亡于赵高，实亡于叔孙通一言。"然定大汉之儒声者，亦通也。司马迁谓其为"汉家儒宗"，嘲其以势求主为"大直若诎，道因委蛇"。宋人陈普以诗哂之："刘项权将作狗偷，谁能撩虎又靡头。"宋祁则诗赞其才："诸生可笑贪君赐，便许当时作圣人。"兹叔孙通灵变，孰与贱哉？

九土八方以势求，
叔孙风信谑秦秋。
一般苟且成君士，
岂管章评骂与羞。

157. 韩信悔：游徐州记 2011

《史记·淮阴侯列传》曰："信钓于城下，诸母漂，有一母见信饥，饭信，竟漂数十日。信喜，谓漂母曰：'吾必有以重报母。'母怒曰：'大丈夫不能自食，吾哀王孙而进食，岂望报乎！'……汉五年正月，徙齐王信为楚王，都下邳。信至国，召所从食漂母，赐千金。"时维，漂母遂为用典耳。韩信者，虽有盖世谋略，乃误生稚童之心。大丈夫谋以天下，何请齐王乎？夫入楚帐难为用，侍汉王而寻猜忌，姑武涉之言立已，凭信之能可王哉？英雄末路始矣。

素来叱咤撼八方，得赐齐王意作狂。
但愿安龙盘榻下，岂知魂落在他乡。
君恩浩荡饥刼日，鸳貌空留义气肠。
齐土赠符谁妙算？三分天下悔彷徨。

158. 题卢作孚 2016

时维作孚居香港，始绝台之邀，还而拒美之行。然有不幸，因不忍世事之屈辱，兹族之英雄，精神完人，于重庆服药离世，时年六十。其声嗜嗜乎！作孚先生，咽言无尽耳。

一影单飞流水去，魂衣飘缈末身孤。
氍毹红艳踏悲泪，金铁光丰惊夜途。
星汉相逢连浩溔，鹓雏无忌落沙涂。
氤氲雪乱尘缘弃，嫒碟飘寒力志无。
大义怜仇因狷耿，小人难度故相扶。
当时只道平常事，今日若求君子书。
月下点灯空比媚，庭中灼亮见危烛。
欲牵龙马趋威殿，却叫神蛙作壑奴。

159. 题秦二世 2011

秦马差跌貔虎噪，奈何中阙曙光残。
偏逢岁事霜如雪，又遇刁儒戏送欢。
万乘当年风火怒，六王今日骨灰寒。
可惜雁鹤皆西去，祀典荒芜拔剑难。

160. 题蒋百里 2009

九嶷升日气，怒霭卷翻潮。
御士腰扶剑，儒风书带毫。
扶桑刀换月，东海戟缠蛟。
尘起鸿儒聚，媛吟风赋摇。
玄天弥浚壑，烈日荡秋皋。
数度惊时众，几番惭艾蒿。
逄逄喧百里，虎虎啸千辽。
天赐轻云质，闲得一代骄。

161. 题金圣叹 2018

金采,清之异才,古之绝代,得雅痞之称,透真儒之性。戏乎!遗花生豆干同嚼,接千古君子贤懿。奇辞以化俗,事外得无拘。谌父母淫而谑世,西厢经以乱声。塞大音哉?非也。心黎元而寄爱,恨社稷以亡奈。有记,金采闻帝赞之声,即感而泣下,北叩首。其痞欤?君临天下,其威乃痞也。圣叹虽放达佚休,兹非逆妄无尊。曾点游世而得子,金采空游其世之耳。夫居螭云之上,扬羽旗而舞罴,献乡雉以仙去,徒世孙复记者也。

堪笑扶乩是为谁,似同鸾小并车归。
不因汤镬愁途短,只怕才书恨笔卑。
一片感激稽北首,九渊倾诉语无为。
汉苍千史歌擒月,儒道双流风作碑。
既有金声达岣嵝,何怜白马问西龟。
燕鸣鸥哢影孤盼,室静人空夜自悲。

162. 拜君仁:题赵匡胤 2010

太祖功成,宁帝位,释功臣,安旧主,厚皇室,夫威加海内,誉声绵于后朝。朱元璋虽乱诛臣功,况赠溢词于前帝,谓其有"君天下之德"。程颐则曰,太祖夺天下,"不戮一人,自古无之"。王称曰:太祖"得天下以仁",为"数千百载之间,继尧舜之正者"。不杀乃仁,孔子意矣乎?

逐客三千始皇恨，汉君因忌灭三英。
明王怀佩虽吟叹，谕旨难收乃火凌。
不必诛屠安九位，也无慈佑保三卿。
妙斟虚酒豪强去，未露刀锋玉乘新。
帝阙逢迎仁假盖，春秋争看道归心。
鸟飞阡陌风和雨，翻史观来输与赢。

163. 谒殇魂：题梁元帝 2019

　　《采莲赋》合逸美与柔嫣并得，可谓诗歌之绝唱矣。夫未出于屈宋李杜之仙手，却书于梁元帝萧绎笔下。其词艳媚迤逦，约南唐后主李煜可比。厥其性况远烈于后者。李煜入宋，稽颡佯忍，仍无善终。萧绎怜诗胜于惜命。有史载，西魏斫伐，兵入梁宫，元帝犹赋诗不止，讽咏于龙光殿，直至城破被杀。其性烈而诗靡，悲不逊于韩信，若无魏营之行，烈或近于项羽，乃奇帝也。或若萧绎惜命于江山，此赋能见于今哉！继之，唐宋诗风奚存乎？其魂不鬼，乃生于世，夫长鸣不死者歌也。

帝苑椒宫一夜迁，哀云夜夜锁瑶天。
江山易去君无恨，逸典难扶咏殿冤。
史卷飙风腥雨烈，尘埋没寇诔书廉。
残锋断剑何年事，九色梁天几月颜？
昨日魏人涂粉墨，今朝玉阙缀楹联。
当得奇梦春波驾，唱尽芙蓉坐碧烟。

164. 感施琅祭郑成台 2013

　　将军千忍忍千秋，
　　只等江山金榮收。
　　莫患昆孙评与断，
　　但归天海水悠悠。

165. 题鬼才罗聘 2013

　　未有春风花自娇，轻毫肆笔入逍遥。
　　人间若是仙人在，神斧如来水墨刁。
　　忘却云衣妻更婉，犹闻鬼趣画生爻。
　　罗家梅艳广陵翠，鸾凤京飞宝殿高。
　　逆羽凌风城上鹤，无言论世笔中刀。
　　若由八怪缺才聘，谁识扬州吹玉箫？

166. 哀师培 2008

　　尘风误卷扰乾坤，受指千夫史未闻。
　　古遇骑墙初汉客，今逢左路暮朝声。
　　红颜祸水君边枕，娇艳海棠柳下风。
　　安卧书山虽耳乱，明知慧力载歌成。
　　梦天衔月魁星主，情放鹤舟龙殿昏。
　　魏晋玄风尽囊获，当时拔剑忘家门。

167. 凤凰吟：题卓文君司马相如 2007

闻凤求凰百鸟悠，入春不解酒垆愁。
情留千古诗常咏，岁到白头子好述。
妾慕中郎柔似水，爱因才貌怨如秋。
任他司马新欢夜，我自琴台风月收。

168. 悲晚清：题张謇 2012

　　张謇以一己之力，办社稷之业也哉。欲乎鸿飞，坠之晚凉。迂腐，非也。一九二六年八月二十四日，张謇在南通病逝。出殡之日，万人空巷，依依诀别。终其生，謇之诗已释："屡出真成惯，孤怀亦自遥。小车犹择路，独木已当桥。鹤影中霄月，蛙声半夜潮。无人能共语，默默斗旋杓。"今见謇风云岸隗，其孤杓之累，知音矣乎！

凄凄鹤影浮光淡，金榜曾经花满城。
彩凤孤飞望欧陆，轰腾禹谷卷夕尘。
只闻新易洋邦帽，无奈复修东岳门。
千古风流随梦去，九方琴瑟祝鸾生。
天出黄道仓龙祖，谁继尧国大禹孙。
但恨满朝皆旧语，不识风转逆昆仑。

169. 鹊桥仙·文姬吟：读《蔡文姬传》伤才女悲命 2016

才情豆蔻，朱弦晓慧，初戴娥妆成媛。
花词楚楚玉声传，更堪倚、儒门笔砚。

中原遥慕，归云锁梦，泣影匈奴帐苑。
雁扶白夜盼七夕，怎念那相思恨远。

南风伶顾，文姬归汉，未想芳残才贱。
红藕犹在却香寒，讴难咏、妙龄诗幻。

170. 沁园春·怀歌：诵李清照词感才女生世叹婉约绝唱 2011

觅觅寻寻，声声泣泣，如梦鸾迭。
叹来逢秋露，罗裳溅沫。
去临孤域，凤羽残缺。
涛映金石，诗奇闺苑，若比尧声九律绝。
坟凄祭，广寒宫中舞，妆冷寒阶。

汴梁飞翠如华，出瑰色、花瓷共绣蝶。
惜金蹄踏野，泱泱紫梦；
风云漫卷，若若缠约。
文君白头，昭君红泪，春过窗前暮雨斜。
问云柳，词女今安再？旧蕊难别。

171. 采桑子·为纪念马拉多纳离世题 2021

飙狂血热尘风卷，梦入云霄。
新泪飘飘，不负飞廉带孟劳。

少年最后一支舞，玉带招招。
暮影逍遥，鸾凤栖息桐树高。

风吹老面声悲泣，难再怜娇。
星落朱桥，何似夕轮向晚潮。

172. 惜双双·李煜与小周后 2009

熟透杏花吹素奈。
春情送、香怜画黛。
愿借钩肠债。
又逢旧殿君安在？

翠云皆被轻风害。
爱却是、无回贱卖。
但走秋风外。
冷胭自染红妆败。

173. 桂殿秋·汉宫秋舞：感于李延年 2018

妆雪素，月夭惭。
君边断袖乐声欢。
柔荑不解前生梦，遮面难知后殿寒。

174. 清平乐·龟年曲：感于帝恩之深深 2020

梨园花晓，碧水晴烟照。
鹤舞彭风龟年少，渭曲传宫春笑。

十载光转南国，夜思京柳婆娑。
长恨吟歌无处，欲随瑶阙漂泊。

175. 捣练子·宫风赞梅妃 2018

魂玉魄，步云兜，一顾人间倾梦秋。
难上玄坛揭孔道，却还茶赋艳宫楼。

轻锦物，忘娇羞，梅舞惊鸿平淡收。
自古都闻逢祸水，从今难道应无忧？

176. 破阵子·记王玄策南征 2004

蓬阙缭烟西望，佛尘天远南开。
象动无情消玉使，马系轻兵踏诵台。
戛戛钟鼓埋。

无意封侯百里，却得城邑千排。
荣耀古今皆偶事，文彦生前似将才。
何时汝复来。

177. 谢池春·题徐小凤《墙》 2015

那日《轻烟》，好似溯风昨夜。
最难得、余年醉月。
迷声一片，又含含摇曳。
叹周刘、对歌焉切。

朱颜易老，更在花浓香烈。
爱无言、芳华欲借。
裙拖英气，扫婀娜如岳。
踏歌人、为谁关阕？

178. 水调歌头·游牧野问纣王 2015

《荀子》称纣王"长巨姣美,天下之杰也。筋力越劲,百人之敌也",皇甫谧《帝王世纪》也称帝辛"能倒曳九牛,抚梁易柱"。其辞工善,其意淫乎?诗曰:"凤鸾宝帐景非常,尽是泥金巧样妆。曲曲远山飞翠色,翩翩舞袖映霞裳。梨花带雨争娇艳,芍药笼烟骋媚妆。但得妖娆能举动,取回长乐侍君王。"此为纣王女娲庙进香,慕娘娘美色而诗于庙壁之词。慕而诗,文哉。夫观其政,或乃敬之。

遥问商琴伎,瑟鼓叩音寒。
英雄不信声毁,桑陌叫迎銮。
他日溯风云动,再显苍江碧月,一梦旧河山。
史乐歌初静,何似筑坟坛。

农耕免,屠奴去,宇天寰。
更堪恨对,商羽周舞锦书欢。
冥下冰池哀卷,几度残鸣声起,千载卧冤眠。
默默闻足步,夕弄史舟帆。

179. 菩萨蛮·望柳烟题朱淑贞 2002

虽然世事伤心雨,飞雷也要妆眉去。
弄曲夜弹歌,九霄千梦和。

汴梁残柳静,何处寻芳印?
百野素花吹,赋秋寒意归。

180. 临江仙·题李煜《虞美人》2010

轻鸾琥珀娇声处，墨浓半泣杯空。
蛮床帐内更凄容，小楼怜月，吟客问东风。

新恩忘却怜花落，重提旧恨春愁。
熙陵漫教夜烛收，奈何明了，一梦悔千秋。

181. 江城子·题《红楼梦》金陵十二钗之妙玉 2007

梅花雪，意匆匆，清茶绿斗中，玉成空。
暗转红尘，盼更盼相逢。
但爱庄风思寂寞，情未了，吐芳容。

旅游篇

五、游旅篇

182. 素柳垂风溪歌枫红 2018

一日，薄裳披晨，辄惺憾以步台，俯光而对羲照。夫苍颜溟濛，日月相平，星退霭让，宛若仙苑琼域，如坐铜雀之境耶。近辰龙，傲尔雨飘，忽又霁色云飞，有虹于对岸遥悬，余欲呼与之语也。

东柳先菲万柳容，径烟缭绕槭烟红。
流溪不问君王事，只吊飞花春梦中。
天上蜻蜓台上影，这边风雨那边虹，
栈桥晨起日初照，碧水漪漪月更濛。

183. 游朝天门 2007

朝天门，宋之门也。游侠其景色，旋有二年，犹欣然历目。立渝中之岛，面天子之方。左傍嘉陵，右倚长江，前触两江，俯望泾渭。分明以黄绿，翻转于千里。夫舳舻远之迤逦，灿千帆嫣以银光。忽出龙舰而天流堵，含睇浮窗而灯火明。极方天地，朒朓朏魄，迢递朱楼，似翻古而入觭梦耳。尔其鳞鸿鱼雁，星船使信，目仰若现丝桐白练，耳俯若闻鼓瑟曲乐。风以九歌而鸣湘君，江立夫人以祭离伤，徒青盼而不得见哉！夫人何令沅湘无波而使江水安流？猗与，遗兮娇女！君何将腾驾偕逝而捐余袂江中？呜呼，遗兮远者！湘水之神，匪江流成千河之灵，浮广天拟洞庭之貌也。

江上清风冷舞，棹头流浪飞湍。
凝波晃入渊水，捋月伴拨夜岚。
无奈湘君渺渺，不知远者潸潸。
尔今兰渚相对，何故星河锁关。
击耳玄鸣若磬，安滨波动如蝉。
长天负累行绕，四海衔恩抱环。

184. 秋女玉立：浙江绍兴谒秋瑾烈士故居 2004

严冬将尽更飘零，天似将倾满阙云。
秋女伴书观世界，素风听月奏鸾琴。
相夫难就罢温茂，抱义悲催动雪情。
三二轩亭英魄荡，七七旧甸挽歌行。
从前秋水玉人立，再唤娇妮五岳轻。
才艺晚清夺首冠，女杰末代第一英。

185. 新西兰小镇游 2009

邨烟一样是邨烟，
北海南洋月共圆。
此处相逢天地短，
恰如秋水梦织帘。

186. 夏日游苏州太湖石公山 2020

太湖九峰卧，一树啸千帆。
白日波雄壮，暮夕声胆寒。
峨嵋冬雪起，吴水泛波澜。
才饮溪村酒，又闻子夜蝉。

187. 再登燕子矶 2000

昔初读于随园，首登燕子矶，心气之高爽，如天之荟蔚。今复之，苦等而后得，此穷身之幸也。哈吁，十六载月凤愿归，举子春风又重回，天下玲珑第一矶，敢借千帆上云闺。须时之间，唤直渎于脚下，指岩峰于兀上，环三面之凌空，看燕姿临乎飞翔。从诸足下之沧桑，思史去如蛾飞也。矶下惊涛锁浪，观音佛手驭蛟；李白酒樽问石，朱帝系舟停礁；康熙乾隆泊舟，史可洒泪北郊；秦皇南下巡地，八卦折马金矛；陶氏诚碑慎死，张宝泛槎轻毫。至若唐刘禹锡怜金陵城之嫣靡，叹兮朱雀桥边野草花，歌兮乌衣国之袅渺，寻兮旧时王谢堂前燕。夫金陵之美，乌衣之幻，朱雀之瑞，盖以流连而忘其返云尔。

金陵矶燕俯江舷，江底蛟龙卷素天。
弘济观音坐夕照，南箕北斗向浮渊。
轻舟暗去黄天荡，红玉巾飘战鼓喧。
靖乱声中恨无尽，六朝殿下悔难眠。
静听山后歌吟雪，劝诫碑前风祭贤。
夙有悲声唤姱嫮，复思碣训坐矶垣。

188. 青海湖遐思 2011

君不见，无情大漠为何惊？
西海今朝咸与涩，从前东屿月和星。
沧桑笑把容颜改，大漠无情落雁惊。
君不见，文成公主欲何寻？
欲盼相逢横泪下，难吟最是望乡行。
春风换轿骑游马，回盼月房苦涩心。
君不见，妻乡入梦念何情？
湖水泠泠照晚情，如今白发抒光阴。
半床濡沫亲相顾，一世搀扶泪满巾。

189. 丹霞歌 2017

余阳谷沸染红云，浴日归乡目满金，
天有广寒恐惊语，霞生画韵露风情。
张国臂掖通西域，力势声磅觊北廷。
危岭祁连峪关道，羌骑胡马冠候兵。
杯空对友说斛短，夜静闻香听鸟鸣。
原是遥辰天外事，如今喜获梦中惊。

190. 八里沟望天壁 2015

直壁破云关，
沧桑愧且惭。
天崖在何处，
玉指勿轻弹。

191. 高邮芦荡行 2017

芦荡声声幻,
天边夜夜烟。
寻波乘彩棹,
作客饮茶轩。

192. 题沙家浜 2019

欲归之时,沙家浜红帆落夕。渔歌唱晚,虬龙紫云,万彩合凑。渚洲兮渺渺,蘋草兮招摇。赶濛月之光,估明日之事,步将移而心挂,头欲回而情忍。兹日寻千爻,盱睹晴霄,朝湧昃坠,暮迟妖娆。疑戈剑苇出,紫电含霜,犹昨日之事哉。呜呼,万物谁佑,得于宁馨!

一片清新埋市烟,重重水槛碧天连。
桃花插遍泼春野,夕露满园催色阑。
犹是舟头惊墨影,旋随凫鹭踏咸渊。
腾空不为芦枪起,举翅皆因蛟户闲。
天下棹船茶敬嫂,四方来客酒飞颜。
纵无芳水成新梦,莫笑惊魂斗戏园。
秋报缶坛红玉酿,春来茶馆暗香迁。
当年将士迎敌箭,今看儿童逐藕莲。

193. 夜观金华万佛塔 2019

万佛塔建于北宋嘉祐年间，誉满东南，有浙江第一塔之称。东吴孙权，母好游，烧香求祈，且咸熟风水。生前遍走吴越之地，惟恭金华。今会于浙师，得观南宋陪都万佛塔夜。皇皇矣，红塔冲天，宝光撼穹。柔慈而艳媚，映玉台翠树，若明月潜水。白居易钱塘"江楼夕望"："灯火万家城四畔，星河一道水中央。"其溢于此乎？云分金华，塔身辉而延于天末，人流跃而欢于白夜。烁乎霓虹以璀璨，嫣乎瑶舆以斑斓。辛弃疾有元宵词曰："东风夜放花千树。更吹落、星如雨。宝马雕车香满路。凤箫声动，玉壶光转，一夜鱼龙舞。"时维初冬，夫静而祷之，孰与纵而歌之？

江左青山百尺楼，婺州祇塔最难求。
春来一路劳香客，秋遇故人乘凤舟。
倩女拂烟对丘宇，幽魂化雨代君愁。
似收兰若坟前鬼，才有万佛灯下秋。
夜枕东吴得九梦，朝游北海俯八州。
仲谋寄孝察阡陌，宝刹当风饮旧仇。

194. 夏日游苏州吴村 2020

远看翻云映日沉，溪如流火绕吴村。
太湖自古飘乡影，白鹤从今邀客门。
但笑游心贪夜短，姑留醉意入更深。
夫差无故筑兵场，不懂勾君偷笑声。

195. 远嫁行：游青海湖听传说 2014

灵渊失蜃海，红泪溅余杯。
风送咸波去，水迎西海归。
远邦宫映雪，天阙梦成灰。
风雨代传信，江河去复回。
龙池腾玉杖，碧露洒青苇。
公主呼云塞，歌声应月晖。

196. 溪口清风：浙江奉化溪口游蒋氏故居 2010

溪口微风云缦缦，一桥芳水绕村途。
文昌阁上横烟缕，碧海山间走藐姑。
但见曾经虬虎兆，怎知难卜武山符。
皇天最叹儒封冠，王霸不成景自浮。
摇落西窗聆古训，可怜童凤拜家书。
蒋君似也书生气，鏖战偏丢决胜图。
玉泰相传金铺命，豪杰空有凤巢福。
苍穹不等甘霖落，只把清庐误作厨。

197. 游八里沟归 2013

夕阳日满满金天，
百谷岩红红半边。
壁上皆传住龙雀，
炼成仙道去蟾园。

198. 华清池幻贵妃影 2006

月远山空思鸟槐，玉环倦步踏青台。
春风碧树千红紫，桂殿清池百梦哀。
宫艳京华云又现，香含醉舞妾重来。
噙花采露依幽径，入夜寻歌沾绿苔。
盛世君怀恋尤物，天朝危命弃瑶钗。
金枝玉叶怀柔臂，何以隆邦系女才。

199. 游澳洲归来 2008

惊却异邦春锦织，呆眸转乱待求词。
凤收海角栖云阙，客住飞庐听月池。
家似秋寒天幕野，狄临舒夏日春丝。
番乡星露滴朝暖，游雁薄衣凉夜姿。
心梦祖园阶上赋，人行客地月边诗。
今生道尽光阴贵，愿洒千金忘旧思。

200. 拜岳庙 2008

将军踏马横槊，
北雪遥鸿御风。
忘己孤云笑傲，
为国天宇邀朋。

201. 题澳洲黄金海岸 2008

龙渊吐蜃在天涯,滚滚飙风荡屿花。
晨露碧礁比灵玉,晚来云火照帆霞。
他乡有海如弯扣,此地滩直似剑拔。
蓬阙自成瑶色漫,螭颜作罢玉廷塌。
登天斗海黄山事,浮水眺云金岸沙。
天下谁无苍浪水,寻它艳媚在何家。
迎阳少女柳眉敛,低首挈裾金发滑。
西域大唐观异彩,边国尽宇睹仙葩。
天清日丽觉时短,夜淡情柔问鸟乏。
欲借莺鸣得幻景,又思招凤带胡笳。
忽逢老友沙涂饭,伴作狄烟客路茶。
君是为何游此处,莫非天末采琅华。

202. 金山寺游记 2012

昔闻拜月之狐可得月华,佛悲其何哉?闻唐韦应物诗:"心同野鹤与尘远,诗似冰壶见底清。"兹人间野与尘相分,非尽物而同也。野以成孤,尘以取色,佛渡尘亦渡野乎?人入野而孤,可得仙,离尘而去色,故佛成。狐悲于尘而拜于月,据仙华而独净,乃须佛慈欤?《金刚经》曰,大阿罗汉须菩提"于五百世作忍辱仙人",后入佛门。夫仙贵己身,若仙成,养性哉,孰与求佛耶?

寺外村姑扬袖袄，半山游老笑香徒。
忽逢宝塔倾千舍，若见金山显瑞符。
佛念慈悲归寂寞，心观六道踏浮图。
慧能应对真佛法，五祖缄言假意诛。
难弃夕红花几点，博得远善笑多孤。
佛缘也凑人间事，莫坐梵席拜月狐。

203. 纽约行记：女神像下赋 2015

闲呼高厦应帆旋，霓火涌来万里天。
神定几方听雅典，客来何处斗金联。
春风不度西花怨，秋梦难寻东室闲。
千里江山回首看，洛河清彻更婵娟。

204. 云南记梦：游大理观《印象·丽江》2011

几处流云几处天，青石板上见苗烟。
三生童老撩桃雀，五色花都入梦帘。
大理湖山春日暮，夕岚水月夜光绵。
千城百象风情露，高马踏崖寻九边。

205. 连云观海：游连云港记 2017

鸥浮远水浪霏弥，上下和鸣万里凄。
愿借流星摇梦客，不知明月唱朱离。

206. 应友邀夏游吴中二首 2020

（1）吴乡情

太湖乡夜千辰，
露晓笛吹日升。
望野阑珊楚色，
问情几许吴声。

（2）题友姐弟相逢

游宴菜肴新，
三杯谢友亲。
相逢听哽语，
揖掌泪先盈。

207. 草原夜 2009

草原苍夜马蹄轻，
一遍寒凌踩梦云。
雁去随风声渐远，
汉时篝火照边垠。

208. 旧苑红楼：游苏州园林记梦 2014

莫道潇湘悲粉黛，
竹筠笔槛啭娇喉。
春红也入平常院，
疑似韩娥探翠楼。

209. 题南山竹海 2019

中夏之末，热暑徂稀，遹逐风驱舆，漫乎江南彩径，榻之归来小院。乘云车以登天，低周山而惊蛰。尔其雀音司乐，千鸟画林。竹扶云而仙，仙游竹而灵。天与地共之江，苍与翠合而染。余亲云宇，连空澄，坐灵山，俯玉辰。人在竹海，心若与神。长天幻弥色之美，竹海空箫声以吟。日暮西照，北辰静却。斯夜郎之慕，何比于清院芳琼，玉烛绕梁矣乎。《诗经·周南·桃夭》曰："之子于归，宜其室家。"于此乡间之夜，乐焉之穷哉？至若竹海之东南，其林径间有驿道通微境，其顶名为"同官岭"，传建文帝朱允炆避祸南下经此，遂有余官留之定居，故得名耳。今游此，沐之风情，居以厚屋，乃上德浮韵。夫乡民侃侃，若非同官之后乎？复幸于瑶途，惜文帝之功也。

云峰竹海水清扬，月笑蓬莱几借光。
小院深深静如许，竹烟袅袅是何乡。
闲来半步收天下，对坐三杯醉远香。
今日同官焉复问，曾经夜话道村凉。

210. 良臣颂：西湖三杰记梦 2018

闻纣得风戮五寰，西湖血浪恤天安。
但居辇毂鸾车驾，欲借旧名生祭寒。
君子空怀报国志，帝王假意复痌瘝。
冲天豪气终夭梦，落幕良臣继帜幡。
自古冥天怀帝子，未闻王阙显恩环。
良臣杀尽牵仙眷，已是王恩予惠甘。

211. 揽山塘街二首 2019

山塘，唐金粉之地，为苏州一景。史载白居易任苏州刺史时，掘山塘河，故以成名。当年繁华，印迹宜然，南社名人，商苑贾儒，皆历历其目耳。中以野芳浜尤为名之遐迩，曲柳之怜，琼以飘摇。陈圆圆，董小宛，甚或伯虎秋香，皆曾两岸流连，逸步而绸缪也。曹雪芹指阊门而吟风流，山塘虽无广都之高殿，却衔若华比之殊邈。当年山塘初成，白居易即有诗云："绿浪东西南北水，红栏三百九十桥。"山塘河古桥林立，横跨七座，竖贯有八，对岸又座其八，江南风光尽也。山塘之美徒桥者欤？今立横桥之上，凭栏眽顾，似幻如烟。明张溥《五人墓碑记》，即记于此。五人之烈，史歌泱然，词有"安能屈豪杰之流"，一语以攻城，惊乎以名流云尔。山塘美哉，乃因合群萃于一街耳。

（1）烟街吟

山塘水远望丘尖，
多少愁人踏柳烟。
水跳舟栏皆玉露，
风吹法殿又一年。

（2）山塘街南社馆记

街长金铺少，
日久孝心难。
百鸟栖低树，
高帆女雀欢。

212. 都江堰游记 2018

时维暮晚，临堰堤，酥风袅袅，柳君婆娑。怀古之沧桑，叹今之壮阔。都江堰二王庙对联曰："六字炳千秋，十四县民命苍天，尽是此公赐予；万里归一汇，八百里青城沃野，都从太守得来。"夫其道盘盘，其峦颠颠，其江清清，其势桓桓。伺风寥雄逸，槿花菲然，吟蜀韵盖绝于此时也。赶夕光而抢暮颜，虽道险乃兴匆匆，步踏于咫尺，而声唤于三里，情焉有不尽乎？

朱雀临峰朵，螭龙卧九垓。
盘桓游蜀地，迤逦绕城台。
燕字摩挲手，宝瓶鱼嘴怀。
青川八百里，沃野九千排。
薄暮求江色，浮曛锁雾埃。
但寻危路走，不肯错蓬莱。
碧水追千古，寒江曳绮淮。
垒音三楚荡，踏堰客风来。

213. 断桥吟：游西湖断桥 2008

断桥歌所与，
情去手难牵。
但见湖风渺，
谁曲渌水边。

214. 记三上黄山 2014

彼年，入金陵。时少，心云腾。尔其过金山，游苏杭，上黄山，心荡情放，景无暇顾。兹三上黄山，岁已半百。夫今接余休，谨含其内，似通穹宇矣哉！望莲花而诎天都，心垂空而直玉虚，偕与黛苍相浮飞。径须临壮秀，仰云气，得慨叹，日出白鹅岭，日落鳌鱼峰，境虚而幻云海，清新而沐奇松，怪石以稽想象，温泉以伴渌漾。岱宗兮，会当凌绝顶，一览众山小；西岳兮，灵迹露指爪，杀气见棱角；黟山兮，五岳归来不看山，黄山归来不看岳。言之美，词之壮哉！还如其出容与，近乎犀灵也。此之，勿赘言耳。

　　黄山日色晕腾腾，论赋千年却未闻。
　　何守轩辕炼丹处，应得天下第一峰。
　　时时缥缈神仙象，一片玄宁道气蒙。
　　五岳华钟助封禅，九苍雄寺漏仙声。
　　室中光影连疏野，陌上风翁入峤村。
　　坐弄四绝倾异馥，四方来客醉黄昏。

215. 峨影夜：游峨眉电影制片厂 2018

　　画扉雕鹤数重门，峨影朦胧蜀磬声。
　　欲踏谁知天上道，回头但见雾中灯。
　　俯观夜色生春梦，静对苍榕叹古风。
　　多少茂童由此去，博飞峣宇入烟城。

216. 南桥思：游都江堰记 2018

近南桥之下，一古朴旷艳之气袭来，远眺见嵯峨衔阁，云霭绕背，仙宇寥廓，复与堰坝以韵相辉。桥为灌邑南户，堰之门端，直指西岭青城，遥瞻黔滇大地。吁唏！溪汐之忽微，况预之邈邈哉！历朝治水名臣众，今有堰功道，十二青铜雕像旁立，绩得其彰矣。犹是伏龙观前殿，藏李冰石像，为一九七四年掘于河床之下，其像高二点九米，重四点五吨耳，距今一千八百多年。

> 铁马随风吟阆阆，声传千里借溪声。
> 螭龙跳壁追尧禹，凤嘴吞云吐蜀风。
> 碧水双流三岳断，飞沙千尺两皋横。
> 宝瓶口下天阁纵，西岭云中瑞雪生。
> 峤半炊烟悬壁舍，汉巅翔羽遇苍神。
> 青城山远传幽梦，眼底梅花默默春。

217. 仰黄河桥 2012

会于呼市，逢憩晚，步陌街小道，几醉于羔羊牛香。汤馍之味，如歌萦怀。此番云梦之享，还如骑鹤扬州欤！辛弃疾有："待羔儿、酒罢又烹茶，扬州鹤。"胡宁羔酒烹茶，如鹤广陵，又胜于呼城之甘尽也者？翌日晨起，赴呼准大桥。且酢之夜未去，徐然而惺忪。余心以淡淡，兴以平平耳。途玉道轩辚，少时已著，谈笑止于皋渚。倏然，闻博鸿击浪而轰骇，见滚瀚擎天若巨龙。夫遥之缠绵，临之巍峨，其势之慑魄，余骤然寐去也。举目而望，桥悬之碧落，横卧而跨银汉狞！当空，铁车如驷虞凌穹，飞而过。俯以黄河，跋浪若九骐穷力，踏飞宇而鸾扬。时维，仰天但出惆怅，惊鸿奈何茫茫。沧流何以能追古，荒圻何以可尚乡，和煦何以容慰亲？古贤叹黄河得之渥饰，蔚然能以天观也！

衮龙急跃锁千帆，一片旌旄定北寰。
尚梦幽云狼角尽，再游华域五洲欢。
汉皇兵吼越秦岭，凤凰天逐归帝銮。
誓裹长风穷我土，为听千籁倚朱栏。

218. 黄山观日落 2016

落日垂红洒万金，
千辰借月袅如银。
满山菊草随风舞，
独守香天追夜云。

219. 李广哀：游内蒙古草原记梦 2010

漠野悠悠草，胡蹄瑟瑟声。
汉家髻女泪，边塞漏槀羹。
长剑定荒朔，烽台含玉辰。
雄幡归者厄，哀寇败途成。
李广绝喉去，帝国青茂生。
唏嘘云梦鹤，悲卧侍阊门。

220. 游天池 2007

问语无声处，瑶池在九天。
清波若魔镜，天影似高仙。
低首提归步，藏息惊梦烟。
林中朱鸟翠，道上宝舆连。
力蹙游心甚，桌欢膏肉鲜。
才出穿越路，不信在人间。

221. 溱湖游苇荡夕归 2012

寂寞孤鸿望短筏，沙洲静静暮光华。
苇分舟影歌声袅，水并船头乡语杂。
樯女不知摇橹苦，妙颜含韵笑村暇。
忽然哀起惜悠古，多少香尘人棹家。

222. 黄山日出 1998

龙出旸谷自天涯，横卷沧波踏浪拔。
气晕喷薄霞彻湧，几轮聚散仗千华。

223. 西安途中凭窗构梦 2005

代北峦峰卧，牛羊暮草连。
笛鸣山更静，窗淡月如弦。
才过秦关去，似听边鼓喧。
长安留古梦，黄土荡妃烟。

224. 游大丰题王潮歌导演大型室内剧《只有爱·戏剧幻城》2020

未起波澜色已惊，
室空无语锁天音。
玄风拂玉觅无处，
但教人间巫雨新。

225. 福建土楼记 2016

土楼轻影彩云牵，一片丘峦绿水间。
原是南方寻路客，却留古梦入新园。
雕梁画栋连厢舍，弄草成茵筑井天。
再比京城春上殿，风光一样画如烟。

226. 御江风：题燕子矶 2010

千滔搏水恨年年，
吊尽乌溪不覆天。
世事如何惜梦断，
今朝御鹤楚云间。

227. 村谣：游西递、宏村 2012

古榆含翠飞蓬绺，又是春来月满湖。
乡苑翠池说旧事，远方红叶映村姑。
你和春水迎仙客，我入秋岚倚妙竹。
船上歌吟鸦雀幻，水中声动鲤鱼浮。
波清渠静屋边绕，人朴夜息厨味熟。
有女新妆归母泣，拥娘问嫁语心孤。
天风不让徽村老，山月共筹仙乐出。
莫道人间多少梦，百年惆怅画珍图。

228. 天净沙·思征夫：游内蒙古题元孟昉《天净沙·十二月乐词》2015

咸阳绿柳秋湖，几番征马春枯。
借月相逢客路。
狼烟翻顾，似听边外羌胡。

风来玉挽云袄，手中红线明珠。
淡粉轻摇玉步。
雁声无数，梦飞千里鸾扶。

229. 满庭芳·闲情难：游溱湖梦秋色 2011

秋雨花中，幽人船上，乡楼梦立烟泽。
水悠天静，芦远看风车。
放那金戈铁甲，风吹影，虹若湘娥。
声三尺，舟飞不见，隔水唱出荷。

金芒随雨去，夕岚郁烈，薄日闲歌。
最难得，禽虫百舞亭阁。
忽见翔鸽归舍，心还恋，几度宁和？
急愁乱，举城望远，志忐仰云柯。

230. 念奴娇·武夷追远：游武夷山乘竹筏看悬棺悼古情 2016

碧渊千丈，浪声怒、天壁悬风幽放。
饮笑船歌，曾又想、秦马衔枚骤降。
扫土中原，方国尽灭，龙驭南州象。
溪流清曲，岂只诗画情漭。

可问崖上幽棺，那年何泣泣？鸣环息响。
草满枯崖，招紫凤、唯有今朝吟唱。
再弄扁舟，鹏身罢玉浆，梦随溪荡。
水滑波软，似觉云露相望。

231. 潇湘神·过长沙 2013

笛声愁,琴声愁,当年月淡水声悠。
中夜烟花舟梦起,新床被冷满江秋。

232. 满江红·过汉水 2021

暗渚高云,风万里、暮接沧浪。
掬汉水、季兰仪舞,竟陵仙漪。
八友何曾挥翰墨,三朝本是留欢场。
莫扶远、青冢又千千,尘飘荡。

山吟越,天惆怅。
怀古梦,怜君相。
渡天门紫阙,长夜星仰。
汉马秦车千载过,龙津旧客无人忘。
指江东、思楚唱王歌,声悲壮。

233. 自度曲·献秋瑾祠：游西湖敬秋瑾感其诗："驰驱戎马中原梦，破碎山河故国羞" 2015

人憔悴，中原望肃秋。
堤边声断影难去，清怨幽幽夜梦愁。
看家园尽头。

闺心映，双鸢衔杜鹃。
西湖泪放寻芳骨，寒露清白千鬼冤。
梦单舟诉缘。

身曾许，梦国又梦乡。
天音地动还清月，洒尽西阳咏暮光。
叹韶华翠芳。

巾帼守，芳尘吹碧天。
浮生飘寄凝初愿，谁让你中原梦迁。
听哭声墓前。

234. 武陵春·橘子洲春览 2016

最是湘江春寂寞，花映水声时。
无奈洲头劳燕痴，年复送春思。

桃李含颦风万种，旧赋舞新姿。
岳麓书鸿诉远师，不负圣贤辞。

235. 武陵春·塞外春思 2011

愿借春蝶传梦意，杨柳色、奈何欢？
教塞外秋风且慢归，满树雪、乱江南。

宗棠意气暖阴山，黄金阙、碧藤园。
问燕子谁说江渚吟？乐耳啭、为谁弹？

玉人顾步品春闲，独他尔、翠裙连。
数挽马轻盈声踏来，越万里、笑秦关。

236. 西河慢·秋日午后上淮堤 2008

乡楼渺。淮沙天水相抱。金庭观上束余辉，浮丘曲道。泗州翻覆浪无声，曾何杨柳浓俏。

建安风，仙辞袅。竹林抚梦轻笑。桐柏山远水波回，鼓灯唱晓。一阑夜月舞三分，声游城外清庙。

涂山映冕旧日好。怎知那、香奁成恼。但恐卿云哀草。太白歌、月阙成灰，相看谁是今朝，思年少。

237. 忆秦娥·游千岛湖又海上观军舶盼国之起 2016

千岛画,江烟轻袅帆樯挂。
帆樯挂,名邦湖底,将息声罢。

风云甲午归尘刹,沉舶千里心雄霸。
心雄霸,金风晨起,九阳星驾。

238. 忆江南·江南望湖思远 2002

天潆潆,月起万星垂。
淡露朝霞依艳彩,轻澜夕夜挽流晖。
寂寞任云飞。

膝上水,低语戏娥眉。
帆弄涛光波影秀,眼眸滴透乱芳菲。
扶泪莫伤悲。

239. 自度曲·八里不是沟:八里沟行记 2013

八里不是沟,绝壁在天上。
悲声九陌风吹泪,天涯寒梦问沧桑。

风和流水,琴弹新漭。
当年仰雪思梓,今对梨园野芳。

240. 青玉案·徐州游题秦观《黄楼赋》2010

步间无意黄楼近。
绿碧远、横空映。
醉伴春风凭旧影。
天吟恐汛，人吟送汛，新月织朱锦。

唤来九凤摇风信。
下沧海、击渊磬。
欲佩正冠声踏韵。
时逢和令，君逢瑞令，借故得诗病。

241. 武陵春·金陵凤凰山咏应李白《登金陵凤凰台》2017

响佩声高阁蔽野，千鸟过、凤游合。
泣月满秦淮碧玉歌，不自恨，唤红娥。

三山二水笑天戈，金陵梦、六朝蛰。
看古道牵村寻杏禾，杜圣远、泪轻得。

情梦篇

六、情梦篇

242. 东南情 2011

　　云东方属震，南方属离，西方属兑，北方属坎，东南方属巽，西南方属坤，西北方属乾，东北方属艮。《易》曰：巽为木，定风。其风东南，清明而景。巽以辞让，通逊，止谦恭与卑顺。又以，南方属离。离，乐离啼，身离啼，后者欤？巽而离，悲风耶，岂明与祥耳？夫孔雀东南飞，五里一徘徊。嗟乎，其妇赴清池，其吏东南枝。何哉？死亦欲东南而择乃尔。

　　　　东南飞孔雀，
　　　　似是故人来。
　　　　朝暮鸣凄厉，
　　　　心芳岁月白。

243. 杞人忧天 2016

　　古有杞人忧天之说，疑天坠之，兹在惜命怜尔。其说于畴古之时，亦可匪然，亦可默思。今人穿天入地，苍宇行人。海之深，可探以究竟，天之浩，可寻之诀奥。延八荒而至当下，积或翰林，往或史微，诗赋歌谣，美之胜之，光之耀之。天塌而命不足惜，人之蹶角受化，脱罔泱而着文采，龙章凤函，其素天倒垮，焉不惜哉。宇之大，生命无限，然吾类星宇，所作郁桓，焉与同之？叠宇之说存欤？忧天合也，非愁潘病沈者也。夫汉赋之博泱，楚辞之绚丽，唐歌之美妍，宋句之绮靡，何止于子之不知肉味矣。望神阙有灵，遗我藻绘，入旻芬芳耳。

　　　　鸾亘九天千凤鸣，羽族毛类向孚尹。
　　　　汉穹一宇浮危坎，轩海九章吹暮云。
　　　　鼠骇皆因悬太昊，杞忧如幻恐文明。
　　　　常怀心梦祈被叩，送玉他乡魏紫行。

244. 佛鸽咕声：正月诣高旻寺记梦 2019

　　正月初，谒高旻寺。时维练雪纷飞，寥见香芸客素。大殿庑廊之下，苍松古柏之间，有群鸽啄食而聚，其咕声震耳。游人至，旋散以冲天，似淑灵扶拂而去。其时，鸽与刹上风铃合而汇之。夫离丈步，阁之转角处，咕逸之声渐远，然声愈小则愈幻，似凌空盘旋，泱荡不息，犹佛音天来。噫嚱，灵鸽也！尔其居清院，栖祗屋，啄干食，饮淙泉，娱纶音，久居而成佛性。予之人等，居俗域与戏场，逐利而贪物，何佛之有！唯积息长叹，鸽之禽者而性冰洁矣哉！

　　　　几束纶音悲宇凉，飞奴净地化洁郎。
　　　　雪泥鸿爪映朝旭，中塔阁浮沐素光。
　　　　玄武丝桐逐九练，极休佾舞赛霓裳。
　　　　曾游钟室几时许，又佩垂鱼寻酒香。

245. 乐伶霞飞：行车听梅艳芳《女人花》2017

　　驾车行于乡间，道两侧芸花灿烂，忽听麦中播放梅艳芳《女人花》，其声轻而缓。旁白道："……梅艳芳离我们而去不觉已16年……"唏嘘！往日如烟，岁月泠然。眼前似现《胭脂扣》之如花。两者皆芳年而逝，令人悲以断肠耳。然人生惄殃浮作，歆命难成，其殇曰不幸云乎？

　　　　俏伶声动嗓音甜，犹唱女人花梦迁。
　　　　美目传来穷碧影，流年散尽化辽滇。
　　　　荷残香冷虽夭命，春遇夜明攀月天。
　　　　何待芳踪迎岁耆，任由摇曳在华年。

246. 东坡依朝云 2016

燕落风尘恨世缘，朝云顾盼倚诗仙。

居佛不在青灯伴，弄舞只歌天地间。

最怕天涯何处无芳草，只因十二相知十六醉红帘。

不因身贱唱知遇，难解夫音吹柳绵。

紫玉成殇天艾色，懿德亲送子黄泉。

梨花带雨苍天问，飞雪迎春双鸟旋。

莫教柔肠思眷色，须留暮晚对婵娟。

泱泱烈雨关清素，震震冬雷炸枕眠。

执手金刚难尽诉，嘱言轻对勿需怜。

亲亲芳甸离离草，唯有随风寻月圆。

君欲赋，似悲怜，东坡祭，异色烟。

东坡祭云子声以切乎：

我泪犹可拭，日远当日忘。

母哭不可闻，欲与汝俱亡。

故衣尚悬架，涨乳已流床。

247. 题大宝法王 2017

天生玉刹面生威，唯我高风唯我归。

不舞袈裟邀广宇，唯搬劫火洒慈悲。

九方虓号许王命，汉地东途天子随。

雪秀峰琼浮紫陌，但观三世锁轮回。

248. 奈何吟：题远 2018

谁把孟婆汤作忘情水？
奈何桥上再听千世随。
今生诚再遇，爱恨可重回？
欲指桥边飘素女，但识天外鼓琴妃。
望乡台上青衫子，桂户门旁一剪梅。
君不见，异色香消爱无用，
诚可知，清芳颜去玉成灰。
君不见，奈何别断纤纤秀，
诚可知，华殿身还楚楚苇。

249. 清明祭 2021

北林深处暮光明，
悲雨雾碣连故亲。
昨日共觞神似似，
今般在此又新邻。

250. 晨郊野见高天语如来 2011

大鹏博翼觅庄生，
一叶芦花可破尘？
最是金城月和桂，
可惜绝处不留人。

251. 珍妃挽歌：游故宫 2004

清代大臣恽毓鼎有一首记珍妃曰："金井一叶堕，凄凉瑶殿旁。残枝未零落，映日有辉光。沟水空留恨，霓裳枉断肠。何如泽畔草，犹得宿鸳鸯。"闻之生凄凉之美，郁乎令心气绝绝。今姑和此诗以悲之。

十三清女是珍妃，眷守君怀凰凤悲。
一笑倥侗君恨短，三听比翼试佛威。
姿容婉丽伤寒水，桂殿兰宫浊是非。
何似秋风来复践，虽凭瑶管更悲吹。
窗红枕软蛙声静，玉冷香消金井归。
离恨长长闻吊赋，轻吟残夜左妻灰。

252. 题《度亡经》：和天竺莲花生大士 2018

佛树种天堂，
人间香四射。
慢念度亡经，
再留明月夜。

253. 题唐伯虎《桃花庵歌》2005

明有江南才子唐寅，字伯虎，闻风流一时，尤以秋香之事轶。其以"桃花仙"自鸣，作《桃花庵歌》，曰："但愿老死花酒间，不愿鞠躬车马前……不见五陵豪杰墓，无花无酒锄作田。"史之唐寅，实苦求于仕路而不遇，未曾半点风流，一无秋香之遇，二疑华安之谑。恰存科场连狱，拒浙藩小吏，出妻去辱。其生曲诎，叹世之浊，终放情于花酒。临半百之年，又入宁王船，竟以裸衣疯足得避朝事之难。一代才子穷步于此，悲唏悲唏，诚比其画作《落霞孤鹜》之凉。于焉生桃花之悟，实为后事耳。伯虎"风流"，上接陶潜之逍遥，下遗罗聘之故终。岂得志而蹶角，咸悲催以醒悟者也。庄子曰："日月之自明。"人焉可！孔子亦悲身。曰："丘之于道也，其犹醯鸡与。"寅之凡身，堪之奈何？

天有凤鸣招翠袭，江南才子最风流。
清谈指笑羞朋远，戏谑华安未作休。
杏李桃花春易乱，落霞孤鹜晚相愁。
六如居士提甘醴，欲醉蓬莱画九秋。

254. 苍宇梵音：农家游夕归仰空题 2016

苍旻碧远宇无声，玄帝乘云向北辰。
无意游歌比吟客，只须般若坐莲灯。
天隔银汉淘仙水，溪过农家见酒村。
莫教秦娥上孤月，请伊闻舞醉红尘。

255. 题苏曼殊三首 2018

苏才华横溢却处世乖张，为"民国第一性情中人"。人衔恩环，佛多浓慈，蹇伏才情于锦身以遏，逐裔皇于孤滨而止。曼殊为僧，诗情画意，十世度法，透佛穿尘。夫菊子之恋，百助之怜，哀婉而清丽云尔。其诗鸣哉，忽之"无端狂笑无端哭"，忽之"披发长歌览大荒"。遹往百年之寡遇，成百代之君子，半僧半俗，道成大纪，逢妖娆以纤纤，遗孤旅而迟迟。其诗兴曼绰之音，其画勾上骈之势，醉以六醴之气耳。夫姑射以容与，罗布而英隽，衔世吐紫云，作赋拔澜汗。曼殊殃，其墓筑于西泠，伴于苏小，对于岳飞，性之一也。民国诗人刘大白有诗曰："谁遣名僧伴名妓，西泠桥畔两苏坟。"西泠之"泠"乎？泠乎曼殊之影矣。

（1）

莫去缑山寻岳灵，
西湖苏小早知音。
风中影里诗添梦，
泪举匏樽向月吟。

（2）

钵中酒肉似如昔，
为慕梨花泣子期。
纵抱酥鬈恨无尽，
半癫和尚雪成泥。

（3）

三四歌中映萝月，浮生无解寄孤坟。
难得剃度带痴雨，几恨多愁罢舞声。

256. 佛声 2008

千年为一爱，
百年还一情。
生来收旧梦，
来生又复云。

257. 题安徒生童话《海的女儿》2009

鱼人之迢迢，绰约以修婷，有龙庭为家，父女娇亲，姐妹熙和。唯季女浮海而顾盼，心高而气清，夫弃族之环佩，为不朽而尽瘁。其挚爱尽成痴迷，敬浮图以求福音，终受难而收劫灰。歌云哉：连娟紫光，函菱幽韵，舷有银沫轻飞舞，道成肉身放遗魂。佛之慈，悲乎善也。海之子，倘或安君之梦旅云乎？

沧海不惊汉水云，天涯咫尺共渊星。
九出东海登高阙，一吻离殇换雪鳞。
痴骨成灰藏迤逦，游龙虽死舞轻盈。
仙浮九域偕娇凤，几度悲鸣几度寻。

258. 夕读《长门赋》晨见婚车行记 2010

唐人于鹄怜美人空枕，宜便娟，难合愿。谓秦女趁蝶，萧郎远游。其诗云："秦女窥人不解羞，攀花趁蝶出墙头。胸前空带宜男草，嫁得萧郎爱远游。"弄玉之身，虽艳勿妖，得月之闺。天有紫光过，鸣凤声也。问之，遂乎？今晨影瑶弥，花车云去，爱若姻霞。此情愿永丽，孰若豆蔻折梢矣乎？婕妤长信，秋扇风哀，谓永终者也。天水茫茫，星月难度。羁贯之年，预乎萧郎之路。斯娥颜凤柳，金玉云环，愿无愁相诉也。

徐徐彩乘散流香，窗外晨风分外凉。
兰夜浮针寻往事，女儿花季丽高堂。
闺阁雏燕分南北，孺子温怀夺夜光。
阿曲依违亲妇轨，飙横雪乱郁春芳。
扶儿镜对忽厥冷，背月声怜恨影长。
怀玉犹悲忆阿母，守家茹笔暖纤肠。
再思桃面心如故，休怨婕妤爱自藏。
掷果有心昨日事，反身谁料已秋黄。

259. 大隐难乎：题赵㬎 2014

林和靖，宋之隐士耳。然已隐则隐，奈隐人乎？后帝赵㬎，因诗而斫，又隐何哉？养佛半生，何故臆诗？此为忍非隐也。史之东河西水，复三十年已矣。昔太宗赐后主，今恭帝承之。乃闻禅室也吹旧国风，梅花不知能几度。赵㬎诗曰："寄语林和靖，梅花几度开。黄金台下客，应是不归来。"夫梅喻不善，春梦兮易碎也。

梅妻鹤子林和靖，棹水庐天共赋诗。
放鹤未曾因错过，客来犹是叹缘迟。
荒城半壁皆腾马，百法明门乃预知。
日好春风闲旧语，问梅几度报归时。
难得北斗东瀛去，忽见南囚西鹤驰。
梦里缠烟知命祸，心留尘阙苦相思。

260. 祭亡魂伍尔夫 2009

作家伍尔夫，其言若雁阵惊寒，曰乎："我们这些在上面载歌载舞的人，最终也会躺到下面来。""唯有生活不能被他人代替，只会有寂寞相随你，陪你到最后一天，不离不弃。"一九四一年三月二十八日，伍尔夫以石填袋，殁于欧塞河，终年五十九岁。

> 谁扯风铃算未期，寒闺楚泪泣离离。
> 人间别去鹤衣冷，雁塔难登魂魄迷。
> 欧塞水声犹梦断，满天星汉若相依。
> 月明缟素天飘雪，夜夜帘开窗露凄。

261. 题邓氏歌 2017

唐崔护诗云："去年今日此门中，人面桃花相映红。人面不知何处去，桃花依旧笑春风。"传此诗为崔护仕考落第，于长安南郊与一少女偶遇，次年清明重访此女而不遇，故题诗以慰长怀。今邓丽君仙归日久，梦曾经，容容哉如沐春风，看眼前，汤汤兮殡场相怜？嗟乎，桃花本依旧，人面自伤悲，相泣不相见，寻梦踏愁归。

> 少年时候望君摇，今又随伊被梦招。
> 何日归来如玉柳，几时谈笑若霜刀。
> 清仪柔婉曲风在，罗舞悲欢倦影娇。
> 百鸟轻啼惜妩媚，幽窗听夜奈河桥。

262. 孔雀东南飞 2008

其语如月明缟树，烟霏云敛。其文若惊鸿，垂馨千祀，读之怒焉如捣。看新妇，揽裙脱丝履，举身赴清池。望府吏，徘徊庭树下，自挂东南枝。呜呼，玉奴浅笑，连娟未遑，情若溢濞，哀如刀刳。听有词云："东西植松柏，左右种梧桐。枝枝相覆盖，叶叶相交通。中有双飞鸟，自名为鸳鸯，仰头相向鸣，夜夜达五更。行人驻足听，寡妇起彷徨。"呜呼，断肠皆飘逸，缟素亦芬芳。鸟是寒号啼，雀向东南飞。

　　子安归海抱慈竹，珠妓浮楼吻最初。
　　何笑萱堂儿泣泣，但逢窈窕语呜呜。
　　白鸿惊起化灵鸟，吊树含情变玉狐。
　　如见东南飞孔雀，会当婵月共长途。

263. 媛女别梦记：题沈复《浮生六记》2008

　　且把风情寄明月，谁来为我续尘缘。
　　彰文丽语禾秾秀，曳步婵娟凤史烟。
　　百梦痴余留藕叶，千杯干尽醉嘉莲。
　　既怀恺切缘佛土，何抱温存盼紫轩。
　　红绿青蓝花雨季，箫筝鼓瑟舞云间。
　　不贪今世君来娶，只对来生说月圆。

264. 冯虚记梦：题《鬼狐传》2008

夫冥冥乎色邪，虽寒波粼粼，塞涩周泱，乃身浮而云逸，寂寥而纡徐。艎舟蜿幠，飙光霉烁，幽摇风而入扶余，堪睢盱以持畏。香风裹而闻逖，冶女云而扬袖，雾相弥，霓鸿菲，魂容与，心缱绻，目凝痴，身缠绵。环周匝兮色若月桂，潜汔澜兮影幻琼瑶。俶尔闻秭归谣曰："遭吾道夫昆仑兮，路修远以周流。扬云霓之晻蔼兮，鸣玉鸾之啾啾。"迷哉，予诸葛以寻梁甫，呼宋玉以复高唐云尔！

夜夜霜寒身系鹤，
飘飘冥界径花红。
人间空影鬼风暖，
九塔高悬倾慕容。

265. 题妙真二首 2010

妙真有《幽兰》诗，曰："敛身幽谷远尘埃，天光云影任徘徊。不须天风来相催，自在花儿静静开。"闻诗中"天光云影"，初疑于儒圣朱熹。倏尔书香止而情命起，红楼梦歌，幽谷孤飞，似有《枉凝眉》声至。夫清风缓，光阴退，偕三十余耳。裹裹矣，推帘以云烟，慌浮于从前。红剧八四版之黛玉，俏影款款，芬若香浼。今岁月其俎，花落风雨，兹乳疾而飘摇，二零零七兴隆寺现姝子剃度，生妙真法尼。惜哉，斯年妙真仙度。呜呼，明以夜月，哀以远黛，子影立，曲摇摇，星光晏，思飘飘，宵冥恨，情窈窕。天眷红楼，世怜佛姑，吟妙真而见黛玉耳。悲哉，顾岁月之短长，怀旧梦以岚夕，歌而慰之也。

（1）梨花颂

　　　　妙真云影弄天风，误让佛身轻染尘。
　　　　西海玉笈东海赋，向苍幽月坠溪声。

（2）从前

　　　　往梦菲菲雪乱，横琴翆翆羲来。
　　　　都说大爱如壑，故有黄云若霾。
　　　　几欲壶浆濑水，但听萧史仙怀。
　　　　桃花不叫人面，琴鼓又思燕台。

266. 念母辞：题郑板桥《七歌》2018

　　兴化行，谒郑板桥纪念馆，有《七歌》，"登床索乳抱母卧，不知母殁还相呼"二句。板桥三岁失亲母，悲语撼人。夫思吾母，九十余二，盲而常唤儿。兹每忆少际之绊，心辄生伤耳。孝也者何？《孔子家语》云："树欲静而风不停，子欲养而亲不待。往而不来者，年也；不可再见者，亲也。"今余乃见，呼之而不能及，孝乎？

　　　　风凄娘卧面柔慈，窗月含怜惜病姿。
　　　　意守心珍无尺晷，晨书夜杜孝行迟。
　　　　身经舞象多骄逆，岁到耋年复静思。
　　　　呓语呼儿声滠滠，几番酸楚问当时。

267. 题曲《白狐》2012

闲而听歌,最悲是《白狐》,其声亦远亦近,寒烟菲菲,泣之难收。人狐之恋,疏星光冷,千年修灵,只为凡尘一舞。臆语聊斋,白狐缠绵,聂小倩鬼妻素性,何似人浊而窘乏焉!人间不入齐梁之渊,孰与奉仙狐之温存?千云祥集,奚啻独为上宫之瑰景乎?冥空静乃有清芳吐,狐影动皆为慈怜之怀也。

夜月丛中清影裛,楚眸狐媚一丝怜。
空为粉黛千般舞,未卜红尘万种天。
鸳被添香欢已尽,清灯照壁恨无缘。
梦飞情在妾依旧,花落随风水覆迁。
百世恩怀赠君去,千年幽梦泣坟前。
枕边红泪独痴守,一片芳心对渺绵。

268. 春游樱花大道忽哀秋风不远 2017

樱花烂漫晴空碧,
满地公孙满地金。
春懂风来秋色近,
愿扶旧梦不哀鸣。

269. 高旻寺春谒 2017

金钟鸣古刹，法鼓动凌霄。
香客仙佛路，头佗五瑞爻。
萧郎随怨女，夙夜至元宵。
烟缕丰祇苑，旻天近月滔。
青灯悬旧剑，神阙映逍遥。
须臾不知数，禅声千丈高。

270. 题泰姬陵 2014

南城似有凤凰阁，风倚金池醉鸟禾。
天上云国囡婆舞，人间白雪洛妃泽。
连枝比翼非绝唱，铁马操戈是梦河。
曾是泰姬陵下鬼，今成大汗泪中歌。
溪悲曼鬊纤纤影，窗恋宫天淡淡娥。
旧岁难当万千雪，可怜黄鸟祭三车。

271. 题《纳兰词》2019

颠狂总是因为你，
半世尘缘月与仙。
枕簟和风吟舞雪，
轻云淡却道人间。

272. 飞花令：酬酢醉而记梦 2011

客对飞花令，君怜绿绮声。
徐回在千里，无意荡红尘。
何处云屏满，残愁锁半城。

273. 琼花谣 2012

炀帝棹舟彩号吹，天河夜夜梦千回。
龙船水殿窥羊女，舞影秋波映月晖。
狄揽香桃醉朱色，虎吞琼兔踏仙闺。
偏逢玉妹花方艳，又遇痴君强入帷。
既已登朝近天月，岂容王女显庄威。
羞花怯怯黠童劣，蓬首皇皇泣涕悲。
一代青娥卑采女，几多凤叶贱高妃。
碧簪噙血道姑现，化作芬芳作雪飞。

274. 鸳鸯吟 2018

春风吹则明月辉，春风止则明月休。结发为妻则为家，恩爱相持则为福。尔其相扶则白首，同心则不离。道乎？物物相类，事事同属。天之道，人之归矣。此云乎几何？

鸳鸯朋舞娥眉水，大雁群飞鸿影天。
暮雨苍茫听楚雪，百花纷谢灭金鸾。
片云何似奔腾马，孤鸟难留人世间。
无数春风无数月，几般秋色几般残。

275. 红颜劫：悲秦淮八艳 9 首 2007

有诗云："十里秦淮今犹在，当年八艳何处寻。"八艳之艳，色艳云乎哉？情艳云乎哉？才艳云乎哉？艳乎气节耳。虽风尘暗浊，但未入污泥。爱逐贞，情以忠，心高风，事之烈，独倾城与气节相并哉。立时序以江山，赋文字以激昂，是故夺须眉之先锋也。嗟乎！轻歌难诉尽，瑶月照千辰。

（1）红颜

　　　　汉武秦皇空自许，六朝烟柳复还今。
　　　　帝王将相嚼无味，金粉红颜诉有情。

（2）卞玉京

　　　　今复秦淮水，尤怜卞玉京。
　　　　春风不得意，噙泪道观吟。

（3）李香君

　　　　铅华洗尽换罗纱，簪落闺空诉月华。
　　　　香雪娥眉提血剑，万般红泪点桃花。

（4）顾横波

　　　　秋水横波渡，横波秋水生。
　　　　解衣绝柳下，叩井示番臣。

（5）柳如是

　　　　艳水飞楼共彩帆，晴空乱雾笑白衫。
　　　　借得薄枕过千古，自有才情对玉蟾。

（6）马湘兰

　　　　莫道绢黄事事空，惟观千里泪成虹。
　　　　四娘虚叹守长夜，一叶兰飞听细鸿。
　　　　旧岁姑苏纵来去，七十老泪赋相恭。
　　　　今生只愿并头鸟，化作青荷依月穹。

（7）董小宛

　　　　士雅青莲醉，焉知有客真。
　　　　泛舟天拱月，扶水棹摇辰。
　　　　君问曹娥父，谁听小宛声。
　　　　心白绝素女，何叫月西沉。

（8）寇白门

　　　　千斤玉绣夜红绸，白月素歌西苑楼。
　　　　侠女摩挲刀断水，金陵顾盼泣行舟。
　　　　以金捐义不相欠，衔愧稽门未侧头。
　　　　素有东郎留寡爱，半生残韵寄孤秋。

（9）陈圆圆

　　　　飞花随命自相怜，一世姻缘逆九天。
　　　　既已长风笑南北，为何日暮挂佛帘。

276. 慕少年：再读《采莲赋》2013

　　　　白首不堪思暮秋，容颜老尽笑忧愁。
　　　　少年时候华装束，夕晚岐伯难再修。

277. 屏上风情 2018

偕朋客茶，于厅中观屏，夫仕女飘然，屏若游梦。忽闻杜甫赠诗曰："香雾云鬟湿，清辉玉臂寒。"李白接之："云鬟绿鬓罢梳结，愁如回飙乱白雪。"诗罢，屏中若有娇声相应，叹之曰：

冰眸绰绰露娉婷，羞卷云鬟镶玉英。
一向粉颜遭弃恨，只得阖扇让风情。
丰腴腰柳翻云兔，罗带烟云逐夜星。
窗外蝶飞风正满，忽来旧客叫芳名。

278. 天籁情 2020

腹收翰墨如江海，未见春芳已满诗。
夜月催人花忘寐，要得天籁守良时。

279. 窗夜 2014

难遇夜清独放怀，半倾窗外问花开。
室空虽未存浊酒，心醉已然登雀台。
天上难得千籁宴，人间巧遇万福斋。
珠玑字字生莺语，平淡莫邀彩凤来。

280. 题吴伟业与卞玉京 2019

吴伟业，江左三大家，卞玉京，秦淮八艳之首。据新考，吴伟业为《红楼梦》作者更为可靠。卞氏诗才惊艳，不落须眉。有诗曰："剪烛巴山别思遥，送君兰桡渡江皋。愿将一幅潇湘种，寄与春风问薛涛。"卞赛之伟业，牵绊绸缪，缠绵缱绻，几番柔情几番绝，一生托笃而暧伤。相约而不见，相见而不语。琴瑟交歌，心泪期许。卞氏别嫁身洁，伟业墙外送曲，尔与吾诗送秋波，我与伊暗恸神伤。然扶首相共，顾盼一生，终未享瑶玉之美。玉京晚景凄凉，焚香诵经，隐居惠山，曾刺舌血以三年时久，录抄《法华经》一部。十余载后终香云消逝，葬于惠山柢陀庵之锦树林。吴伟业往于惠山，亲谒玉京之墓，献文《过锦树林玉京道人墓并序》，情咽声恸，肠婉入骨，以记一生之往过，述心海之翻覆云尔。岁月沧桑，吴伟业郁结多舛，卞玉京心烈情殇，几多红楼相梦乎？故前述《红楼梦》作者考傥或可信矣。

夜来无语忍商秋，强止笛声下玉楼。
待妾翔鸿薄翼断，替君消枕百般愁。
潇湘一恋道袍泪，苍海千腾别梦舟。
涟落空尘莫须恨，红楼自古不风流。

281. 梦走沁芳桥 2013

脚踏溪流行梦舟，一桥乱雾乱心愁。
桃花诗社月光晶，春日沁芳兰夜求。
芳水映荷蝶借露，怡红绕柳鸟悲秋。
潇湘几度埋忧怨，欲仰孤楼泣雨收。

282. 对酒思 2013

但听七子纵箫弦，
无奈难逢同酒欢。
一场尘途几回醉，
谁来唱古舞鸣环。

283. 秋水恨：闲翁读苏词题王朝云 2016

一张藤椅满星天，
半醉神仙望月眠。
多少风华秋水恨，
都归情海柳风边。

284. 望月歌：夜听李白、赵嘏诗记 2017

夫夜深而闻曰："青天有月来几时，我今停杯一问之。人攀明月不可得，月行却与人相随""同来望月人何处？风景依稀似去年。"惊而起，谣之。

夜来逢阙和丝语，新月奈何总欲圆。
相伴只因人踏梦，上年恍惚梦成烟。
床前月色空如碧，月里琼闺无意眠。
疑有百仙云影动，何缺玉兔舞霜天。

285. 凤仙曲：题小凤仙 2012

一伎伶之襟怀，几拔国运于沧桑。噫嗟！如我男儿亦何！凤仙得将军死讯，挽之曰："不幸周郎竟短命，早知李靖是英雄。"电影《知音》主题曲："将军拔剑南天起，我愿作长风绕战旗。"词句烈艳苍然，荡气回肠，令人眷伤不已。然风华跌宕，岁月其徂，劫后之凤仙与将军失伉，终孤燕难飞，余生溘溘。一九五四年于奉都北郊离世，时年五十四岁。当年之风尘侠女，咸归于寻常陌巷，飘飘兮其衷哉。

艺伶风婉舞千仪，谢幕来缝百鸟衣。
但有红颜空递媚，难得燕玉再传奇。
知音化羽飞南岛，弱柳依风听素笛。
影落坟头斜挂月，泪淹青额几啼夕。
来扶白发忆孤旅，为看流星守栅篱。
情恨绵绵入渊薮，无人复问凤仙谜。

286. 题白素贞 2008

白蛇曾哭诉于法海曰："吾乃真爱，何为不可？"对曰："妖即妖，不可越。"又问曰："何为护法，尔不忉于爱，护何法？"白素贞折百年之力救于生灵，然妖之善可成仁而不可于述。吾闻歌云，千年为一爱，百年还一情矣。世之烟尘许许，情切几何？贞乃月宫玉兔之女，玉兔乃蓬莱仙祇，曲婉而上广寒，生女白蛇。许仙莫干流牧，笛救白蛇。夫蛇乎者？其出蓬莱，得仙体，淋月露，乃宫中之弄玉，坊间之孟姜，闹胭之绿珠耳。

千年涕泪牧童恩，历尽荒虚转素贞。
天破悬诏捐爱日，佛悲冥狱锁芳魂。
西湖情水前缘梦，玉兔广寒薄命婚。
七世转来仙气满，三生度去宝光沉。
若无秋宇飘零露，哪有灵蛇卧刹门。
试问今朝在何处，偈陀声杳荡孤村。

287. 荷词谣：《荷塘月色》并《决绝词》记梦 2009

一夜柳绵缠碧月，轻飞晓落水中央。
徐风吹过梨花梦，翠露来惊云水乡。
清影夕长斜入水，兰池境幻绿披裳。
春风到处寻思慕，素媛空愁向玉郎。
翾羽蛩声戏蝶影，芳辰雪浪伴鸳鸯。
万花忧谢恨香短，纤女哀眠怨夜长。
须教琼英先醉露，复求朝日再留光。
生来含梦知春老，何揽惊鸿怨野芳。
千载逢亲缘若梦，百年恩对爱勾霜，
此生难却世间事，来日忘情天外香。
未必相依花更美，向来别恋梦成荒。
轻荷角上怡春色，唯有蜻蜓去点妆。

288. 叔同绝尘 2013

　　一念放下，万般从容。叔同先生，半生醉于风情得才子，半生浮于世外谓高僧。世间之物，皆缘生性起。"长亭外，古道边，芳草碧连天。一壶浊酒尽余欢，今宵别梦寒。"佛语纶音，萦绕于怀。先生曾于春柳社出演话剧《茶花女》，有伶人杨氏卖于他乡，先生痴水情动，化风情于闲愁缕缕。余以扶瑶歌于艺事，佚潇湘与疏韵耳。叔同入山曰："一花一叶，孤芳致洁。"猗与！红尘破而得菩提之慧者哉！先生从学于元培先生，大师濡点，天禀增玉耳。

风情才子本佛身，偶踏人间花满城。
一曲送别辞旧梦，袈裟五色倚经声。

289. 颂涂山：叹吴宓情海宏宇、毛彦文妻命唏嘘 2016

爱与恨几何？时而恨不能娶而爱之，时而畏将娶而囚之。

> 漫天飞锦拔千丈，禹会涂山霸九州。
> 扶饮浓泉花更野，博收玉露貌含羞。
> 鸿儒剪梦藏情种，粉黛随尘偎定舟。
> 白发霜颜曼陀语，云风无恨筑墟丘。

290. 莫愁歌：游莫愁湖题莫愁女 2011

> 悲云倾澍雨，檀口吐花词。
> 随舞飞情黛，莫愁还旧痴。
> 鸾歌生爱怨，清语梦相思。
> 楚恨逐江去，吴君泣此时。

291. 卜算子·悼婕妤感秋扇见捐 2006

> 声声怨歌长，掩语悲花送。
> 雪柳低垂箫管沉，秋扇摇幽梦。
>
> 凄凄长信灯，难舍君怀宠。
> 桂殿高床不胜寒，满纸惊鸿动。

292. 浣溪沙·花落有情：诵《葬花吟》伤黛玉悲人世 2008

昨日花开香艳天，今朝却报落花眠。
葬花谁泣为花怜。

何似悲花还素语，岂听掬泪吊芳颜。
随花入梦命勾牵。

293. 醉花阴·友离 2018

佩兰空摇秋声絮，萧索江南雨。
年少几多欢，星月如鸿，端酒心漶飓。

涛翻雁落黄昏旅，默默尘风聚。
才看是当年，忽梦无声，屋外清岚起。

294. 自度曲·踏海悼远 1998

天边云，潮中影。
今朝踏海共柔沙，他日红尘别梦醒。
故人浮远，籁声初静。
欲走天边缝素纤，修得良辰美景。
回眸探月，舟断孤鸿映。

295. 一剪梅·于邓丽君祭日 2017

眉嗓甜甜共玉唇，情醉深深，花醉纷纷。
何来一曲盼君人，风卷红尘，雨乱秋声。

归梦难成几度春？星月澄澄，乡月昏昏。
温柔依旧问相逢，人叩清坟，脚跨青门。

296. 西江月·笑也一生悲也一生 2011

轻语笑来看淡，泣声盼远难成。
道行岵崿度三生，原是无风听恨。

扶鬓三更星晚，揽怀千古春秋。
愿得无限眼前愁，来换当年依旧。

297. 淡黄柳·三毛祭日题 2017

三毛说过：埋下去的是你，也是我；走了的，是我们。

弱红艳寡，白雪堆清斝，世上春娇惟梦洒。
望却闺墙怨厦，旋语人间泪牵挂。

爱难嫁，真情脆如蜡。
人未老、美如画。
平生只有诗和爱，心在月时飞，可怜无力，魂借相思树下。

298. 蝶恋花·题《白头吟》《诀别歌》2006

一阕求凰天永寂。
闺待情奔，春燕衔橐笔。
千古吟声贞女泣，诀别恩断讴风起。

轻许白头羞入戏。
思寄琴台，弦断还绝意。
俏首芳华终有去，女儿瑰月情何已。

299. 相见欢·题李贺《冯小怜》诗 2012

玉屏欢醉春宵，共秦桥。
无奈帘垂金帐忘前朝。

云丝被，丝丝泪，倚君遥。
捡满烟魂离恨殉丘皋。

300. 章台柳·秦淮声声 2012

欢情淡，欢情淡！
夜入秦淮何梦断？
且舞娥花祭泪国，恨生柔臂坟前叹。

301. 画堂春·读《柳枝词》题 2019

落花难恋旧醅酌，空题画字多多。
离声欲静紫烟托。
春泪滂沱。

又入南唐求梦，凭栏自语牵罗。
朱颜不怨恨漂泊。
独自娑挈。

302. 卜算子·题严蕊《不是爱风尘》2005

恨也曾经恨，梦也曾经梦。
恨也应难梦也难，恨梦难成梦。

问又如何问，等又如何等。
问也应难等也难，问等无人等。

从学篇

七、从学篇

303. 儒道歌 2017

道士学庄傅粉郎，慈悲应舍孟娥姜。
勿听王者丰碑立，难解平乡百姓殃。
儒道相怜谁画狱，入出均在世中忙。
茂林飞雾箭难试，狷兔游溪足必慌。
志忑逢迎君上事，轻松应对管中簧。
甘为濡沫祭天志，惟用死身燃御香。

304. 题孔子妻亓官氏 2015

亓官氏，孔子夫人，宋国人。于公元前533年嫁于孔子，生述圣子思之父孔鲤，后为孔子出。史书载，孔氏三世出妻。其子、孙继之。其孙子思，达名述圣，堪过，竟止其子守丧休妻，曰哉，既休非母也。儒之孝乎，袅袅矣如烟。今人究夫子休因，谓妻久失和，杂语烦焉。《论语》有曰"食不语，寝不言"，似非礼规，几表夫子之婚耶。又曰："唯女子与小人为难养也，近之则不逊，远之则怨。"复之可乎。孔子重礼，尤以丧之。《礼记》呈曰："伯鱼之母死，期而犹哭。夫子闻之，曰：'谁与哭者？'门人曰：'鲤也。'夫子曰：'嘻！其甚也。'伯鱼闻之，遂除之。"妻殁，其吊之轻，淡之几哉！《周易》曰，天尊地卑，乾坤定矣……乾道成男，坤道成女。乾知大始，坤作成物。其谓母性，涵之。阴阳平和，虽取"卑"，乃贵，至孔子曲矣。纲常之道，始作俑者，夫子耳。

菁花未仰参天，瓦雀焉飞汉旋。
日日妻声枕语，餐餐荇菜桌缄。
微言可惠天下，大义难泽素颜。
姑且从容不已，奈何难忍讥嫌。
守诚如誓堪圣，好礼终归若贤。
高赋当求隗隗，暗洪无意喧喧。
凡姑莫恨难养，小女成全圣言。
荡荡乎行负重，轻轻耳语吹帘。

305. 云手高风：题庄子 2014

庄子云："小知不及大知，小年不及大年。奚以知其然也？朝菌不知晦朔，蟪蛄不知春秋，此小年也。楚之南有冥灵者，以五百岁为春，五百岁为秋。上古有大椿者，以八千岁为春，八千岁为秋。此大年也。而彭祖乃今以久特闻，众人匹之。不亦悲乎？"知之大年，识以冥灵，仰之大椿，叹而彭祖，得乎大智者哉。生之劳其力，欲矫揉造作乎？庄子之悲，悲吾姗裒耳！其世可攀，攀蝼蚁之厦也。

蕃花今日有，凤尾几年开？
鲜艳虽曾取，清心似已埋。
天河凭自度，雾月任徘徊。
飘魄牵长恨，吟风勿短怀。

306. 吟庄 2015

莫教游心枉笑尘，来听慕古寄韶声。
神龟仰首千年颂，薄翼垂天自在生。
姑借路边虚作叩，相逢村里未相逢。
庄生何故鼓盆祭，原是蝶飞在梦中。

307. 题宋明之学 2019

宋始，农本生变，商贾浮位，乃贱稼穑，贵游食。时维舟车众，南亩弃，至明而不止。宋吟之卞杭，明还以大都。市井喧盛，车马拥门，无可驻足。苏丝景瓷，楼船南洋，中古鼎极，世以持冠。瑞东方以布天泽，垂宸慈而浩九域。斯更端以反睥，民皆趋九市而逐高利，国以去德而逆章法，故至社稷危殆，无以安邦耳。俄而儒风蔚起，捭阖纵横。羌出理学以溯春秋，兴一代而拟鸿哲，执儒统以归至极矣。时余风渐达清纯，徽晋之商，皆以儒为商本，携学以为家传。是故，儒商之誉鹊起。夫事功不入，新明忝辱，不举科学，继以陷文明而引大劫也。功矣哉？祸矣哉？岂其然乎。

赵宋献河图，朱朝弄明月。
三街借玉光，九市吹宫阙。
道贱尚游食，禾枯从邑业。
方书罢左阁，铜臭熏王略。
君子复宗天，鹅湖观宝叶。
程朱但几非，似可招龙雀。

308. 君子悬渊：题古之圣者 2010

欲比鸠摩坐壁，
心随万壑流风。
渊夫笑指苍泰，
走犬贪图暗蓬。

309. 春晖中学与民国先生：记朱自清散文《春晖的一月》2008

浙江上虞，白马湖畔，缀浮世明珠，兹民国春晖中学也。区区学堂，民国先生翔集于旗下，以至有不知春晖勿敢信国人之说，创"北有南开南有春晖"之博誉。百年气息，千年文佑。孔子曰："郁郁乎文哉，吾从周。"心侍净土者圣焉！《春晖的一月》言："……我过了一座水门汀的桥，便到了校里。校里最多的是湖，三面潺潺的流着；其次是草地，看过去芊芊的一片……"世本无梦，教以成梦乎？者哉！

悟得三礼美成真，如沐春风对洛神。
一月春晖泮宫舞，千星向晚桂窗灯。
而今碧水添乡梦，焉似旧街安市声。
白马湖光泼佚笔，荷塘月色映秋晨。
觅章一句诗如画，行教三生夜与昏。
不为尘缘饰穹堡，惟收清露造白门。

310. 题海德格尔"此在"之思 2011

人在浮生乱筑城，寻它不在笑今生。
被抛来世空无倚，强叫买书难自珍。
信马也愁无去路，听佛不改怎抛身。
色为何物心无奈，财是几分须当真。
八宇井然必归序，三身却入或然门。
应得何念客心善，天下唯闻命运声。

311. 题首任女大校长杨荫榆 2017

悲哉，荫榆先生！浩浩矣首笏，洋洋乎泣舞，云云乎乱声，亲亲乎孤鸷。女校之先圣，情孤歌杳，羞哀笑骂，乃风姿难迁。钟毓与烈节之血帜，独心与绝世之颉颃。虽有执误迷伤，况直心赎苏城耳。寡妇檄文，何以击其身乎！

恒河沙数汗青阑，絮果兰因九地安。
衔泪问天皆是恨，寓心接怨更增寒。
举悲身碎落心雨，含怒乂湮埋旧天。
漫教评章压厚雪，不听尘戏是歌蛮。

312. 教育行者张伯苓 2014

北洋戎舰落风帆，甲午三更帜羽寒。
失梦人生收戟槊，激汤沸血挑惊澜。
轩辚欲上娜嬛路，翘楚方成梦笔山。
眼望鸿天招信使，鸣晨破寐启东鸢。

313. 书生记 2016

昨日少年今日老，几番光转忘时人。
痴拙一世倾恳血，卷遇尧歌人自春。
等叫书中佩鱼袋，不听天外泮宫声。
昏昏偏踏神仙路，聿聿难寻王舍城。
广揽博闻汤禹事，独行孤往孔家门。
村塾乡射丰城剑，玉府西昆赤子风。
绮树安愁在何处，苍梧好似又相逢。
伏桌巡简惜英萃，共聚兰亭向月轮。

314. 题北柳巷小学 2015

  北柳巷小学，位旧城之北，吾之幼读。扬人爱柳，巷以北柳名之。其实，巷本无柳，徒因小秦淮之谓。夫巷西濒水，沿堤排柳风逸，有金陵秦淮之风，故名。此巷为广陵龙背，翘首古城，上俯清河之悬悬，下踏柳烟之葱葱。今重返，凭栏望柳，闻燕雀之声杂唤。尔其眺轻波，凝空碧，寄往顾。于时心以出尘，复老还少。向北，为古城关外，有天宁寺伫立。晨光夕辉，朝云夜霞，日开月闭。瑞香隆火，卿客排烟，聆钟韵之袅袅。巷之中央，条石铺路，连远如画。每梦其境，踏跃闲飞，诒为休逸。明时，曾修董子祠于此，今旧址轩然，祺为贵地，上匾"正谊明道"，其势古素大派，丰茂涵雍。至若童时无忌，戏于兆地，兹知董祠，隐隐之荣矣哉。

昨夜柳飞蟾月痴，秦淮一梦对蒙师。
鸟飞千里故乡地，花溢万年新蕊时。
满目流星北斗闪，半生戏场九渊迟。
碧桃酸楚约清雨，绿叶思芳近凤祠。

315. 题安妮·莎莉文 2016

有两个名字，让这个世界成为天堂。海伦·凯勒和安妮·莎莉文。"假如给我三天光明！""假如我明天就要死去！"……假如没有安妮·莎莉文，一切"假如"皆不成假如。人说，神在天上！我说，神，也在人间！

朝天禄蠹羞，在地甘师敛。
子野负丝桐，巫阳执五冕。
云慈白鹿风，雨厚春丝腆。
娓娓若勤耕，劬劬兼作茧。

316. 题蔚氏雕像落成 2012

清像如归溯远晖，月怜波动影芳菲。
几番春色新音送，多少夜怀别梦回。
洛苑文星鹤城匠，泮宫冰玉广陵碑。
问情难舍国初立，守教贫乡愿久违。
屈首摇风赋成雪，馋书弃禄凤如圭。
新歌无奈话乡野，残卷犹能立楚骓。
多有文章成玉粹，可惜绝妙落陈灰。
身旁翰笔谁提起，城下荒芜耳数吹。
恨是流光失洛邑，何时入梦赏周梅。
今朝自是难成愿，来日欲将逐梦飞。

317. 随园史歌 2012

南师之楼室,其风始于金女大,乃借袁之皂地一用已矣。

随园清绮史芳菲,姑以吟书借月辉。
袁客意随无自弄,柳风情动莫须悲。
素听袁府角相扣,可问遗芳梦几回?
旧室依窗吟夏草,舞风曾起盼春归。

318. 王子梦:观影《小王子》悟学 2017

古镜盈波观宇客,何时踏梦去仙城。
童舟迢递逐霄汉,花海腾霞显玉真。
书故有知谁舞瀚,人虽乖可眼无神。
吟风朗澈失英萃,想象才思踏月轮。

319. 书恨:题唐李建枢《咏月》2021

李诗曰:"昨夜圆非今夜圆,却疑圆处减婵娟。一年十二度圆缺,能得几多时少年。"白头不可悲,切莫空悲切。兹以此六句体为记。

台上翻书永无尽,箧中文字九千楼。
仰桴入梦皆是悔,睁眼醒来空对秋。
未解晨光逢日少,春时又过倚窗忧。

320. 师道：题丘处机《报师恩》2011

商山四皓居何处，凤殿焉求负笔人。
夜雪飘飘愁广宇，春风脉脉受师恩。
再多文字修貂帽，唯有襟怀灭垢尘。
素昧情颠生教癖，西宾无酒座荣身。

321. 题许地山短篇小说五首 2008

民国览文坛之风，豫山之辞，虽破时命，苟有街语之嫌，恰文学而不与。夫辞烟美而呕哑者，唯地山入于心扉。或西人莫泊桑可与媲美，然莫氏笔下女子，岂有东方淑柔之比怜欤？《缀网劳蛛》之尚洁，《商人妇》之惜官，《归途》之大妞，《命命鸟》之敏明，《春桃》之春桃。女德冰清，妇性玉洁。尔乃女人似水，非洪水也。《聊斋》有胭魂鬼魅，其性何恐乎！

（1）惜劳蛛：尚洁佛身，容百川、泪穹祇。《华严经》曰："牛饮水成乳，蛇饮水成毒。"尚洁亦复同语："水是一样，牛喝了便成乳汁，蛇喝了便成毒液吗？"其天禀弱而贵，犹梧桐化佛，胜比于陌上之罗敷也。庄子于《逍遥游》述藐姑射之神，肌肤若冰雪，绰约若处子。洁正与当之。昔闻南方有孔雀开屏，纤舞而百啭，若伤之微而忍乎？洁乃尘破蛹飞，似仙云逸哉。

冰肌玉骨比芙蓉，
慧质兰心佛抱空。
自有悲怀修蜜谷，
任凭闲语笑媳童。

（2）天作归途：世人寻天命多与不见，天命何祚，宿命之谓也。大妞儿镯子，非金玉之贵，乃命由符显，尽世之微切。道之本上，天机浩渺，岂只束桎古人，惟不谴我辈矣乎？

一年劳月梦来如，
镯显符光索大姑。
天作归途谁幸免，
而今陌上看啼乌。

（3）商人妇容容：惜官为夫逐弃，飘零于南洋，其夫甚而卖之。然惜官乃容悦而释之。女人之痴，非痴愚也，爱慈心苍予，岂俗凡可知乎。

弱女柔身侍九婴，可怜天下释迦行。
苍风执扇吹红袖，惟把悲怀转凤吟。

（4）曾见命命鸟：那梦人告于敏明："对岸可不能去。那落的叫做情尘，若是望人身上落得多了就不好。"那对岸，慌慌矣，去不得。元人诗曰："问世间情为何物，直教人生死相许。"楚云巫雨，情尘濡濡，落身而难归耳。须臾影动，命命鸟鸣于绿绮湖上，有情人立堤而聆，中有昉者欤？有旁白曰："他们走入水里，好像新婚的男女携手入洞房那般自在，毫无一点畏缩。……现在他们去了！月光还是照着他们所走底路。……惟有那不懂人情底水，不愿意替他们守这旅行底秘密，要找机会把他们底躯壳送回来。"加陵对敏明言之："你说不厌世就不必死，这话有些不对。譬如我要到蛮得勒去，不是嫌恶仰光，不过我未到过那城，所以我愿意去瞧一瞧。"死，勿因生之害，皆因死之美矣。

青娥如象谷，花艳倚陵门。
兹若畏孤月，双飞共入尘。

（5）春桃对：须眉多稠浊，望浮尘而顾私产。春桃一微妇，皆以不屑，夫鄙红契而明身。其有嗔言道之："谁底媳妇，我都不是。"至若世事与名分、俚俗与禁忌，盖无顾及。厥出乎反叛、自由与人性？非也，佛当其空，锐以克万海也哉。

红颜劫泪渡风波，
谁赐厚坤唤月婆。
天吐甘霖人吐乳，
悲心谁比愧何多。

322. 书断 2019

假令闻香书可梦，
几行文字许孤单。
经声已没谁听雪，
争看云台鬼下山。

323. 孤饮 2007

孤酌自饮对春光，
满举高杯闻酒香。
莫道人生喧夜少，
书中飞燕共霓裳。

324. 问学：感于焦循焚书 2017

士游相迥借文字，不信焚书了耳闻。
命贱唯嘘赵飞燕，章鸿但醉洛阳翁。
龙兴凤彩惜盘古，天赠华辞对犬豚。
弃笔何须说梦断，来听北寺叩钟声。

325. 笔逍遥 2014

半世糊涂笔作刀，
唯成一字便逍遥。
曾经旧梦轻别过，
最是高帆望远潮。

326. 题郭象《庄子注》2016

忠义世间问栾布，
为结知己恨玄郎。
笔藏秋水暗吞墨，
何弄风光后世凉。

327. 鹤梦 2021

欲炼锟钢千道铁，下得龙殿九层渊。
来生笑踏孤峰上，肝胆当捐未了缘。
不见扶桑挂春雪，空得焦尾抚哀弦。

328. 踏笔觉迟 2019

青春作伴好吟诗，
年少不知日暮时。
几度心潮泼絮雨，
奈何踏笔总觉迟。

329. 屏前 2010

与屏共缥缈，
独醉大唐音。
潇洒无声梦，
诗来键更轻。

330. 自度曲·读书在金陵：寻步南师校园记梦 2011

云冠轻，玉身行。
随园声涌。
灯火争相照学子，两径香飞枫叶红。
恰同学夙愿初成，寄月听鸿。

少年吟，痴语寻。
金陵留梦。
人生书中几回醉，哪有光阴向彩虹。
盼凤裳仰首伸眉，驭日追风。

331. 如梦令·题毕业四十年大学同学会 2020

采月湖边声动,月下仙林如颂。

谈笑对云鹅,谁是当年双凤?

翻涌。

翻涌。

愿借长风吹梦。

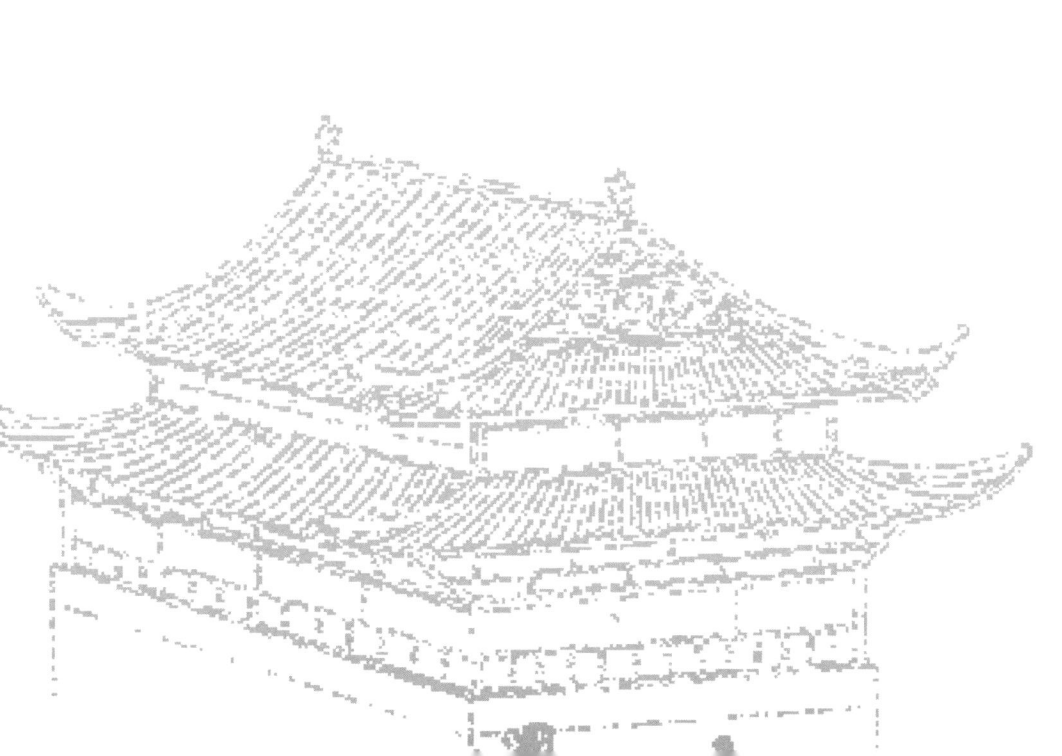

乡梓篇

八、乡梓篇

332. 唐人张若虚《春江花月夜》2006

诗出何地，故址无考。扬州文人多言作于南郊曲江观潮。西汉文赋家枚乘作《七发》，言广陵有"涛""声如雷鼓"，曰诸侯胄子亦游于此。魏文帝曹丕亦观潮以呼："嗟呼！固天所以限南北也。"亶广陵潮或不虚传。南朝乐府《长干曲》有："逆浪故相邀，菱舟不怕摇。妾家扬子住，便弄广陵潮。"此曲提及早于瓜洲之古渡扬子津，宜若广陵潮景致久远诚乎。又曰，诗人至此或已不见其观也。若虚之诗，未及扬州、广陵，瓜洲或扬子，但句有"斜月沉沉藏海雾，碣石潇湘无限路"。"海雾"之说，或有江出海奔腾之意。概而曰，若虚皆慕潮思古，故虽无潮且咏博壮也。

> 广陵潮水忘君怀，
> 日暮春江夜月来。
> 手捧香波思梦笔，
> 流花离去醉烟台。

333. 魁楼思 2012

魁楼始于明天启三年，为清初大学士王永吉别苑，咏觞聚友，其风入云。清改蝶园，后废，有蝶园路为念。楼立于小坡之上，为少时攀玩之地。扶楼登顶，遥视净土寺塔、镇国寺塔双塔，疑踏仙佛之境。尤以镇国寺塔为壮观矣，其乃唐建之物，厚凝矣乎！高邮本为邮都，又冠佛城。得龙虬后，惊闻尧乡在此。帝尧之母庆都生尧于三阿之南，其三阿为邮境古地。然《史记》之《五帝本纪》，述尧都平阳系为临汾。汉之三河，合河内、河南、河东，乃黄河之滨，苟中原腹地，岂关东夷之事乎？龙虬庄，陶片孤枚，其字似曰："戊辰日，某男某女交媾，某女哼唧呻吟，巫师大声作法鼓励多生。"其意似无涉于尧。今复有南迁之说，帝乡之议续兴，或非戏言耳。神居山欲兴百丈尧像，以示敬谐。尔乃东夷之地，上古非荒，可谓凿证耳。秦王筑高台，置邮亭，或非随意。秦亭唐佛，宋城明塔，称江左名区，广陵首邑，应不过矣。

一枚陶片望尧乡，江左云楼定五荒。
魁阙天高飞净土，龙虬庄古报秦王。
少摇无忌蝶园戏，大士何怜宗子苍。
尤是文革心迸戾，不知首邑史流长。
春风到处东夷暖，唯有高阁雁塔凉。
天启唐风成璧玉，宋城一地毓华章。

334. 五亭桥遇神仙 2017

天上云峰八万座，
扬州仙在五亭中。
一桥春水三山绿，
昨日才来今又逢。

335. 瘦西湖徐园记 2020

拾步徐园，花影扶疏，绿柳烦絮，亭榭交横。此园出于清初桃花坞旧址。夫园风芳菲，唯幻而倾盼也。今短水平沙，虽嫣柳桃红，莫若故人含霜，花坞谁渡？思红楼之旧事，兴葬花之悲怜。几梦寻而不得，复怃怀以哽伤。一日，遇孤舟飘然而至，搏帆弄澜，浮极远洲。寒声而不能，动而不行，欲吐喉而腾丹田，时奄然而梦醒哉。寤夜遐迩，无以自揣，悲云乎？春柳长堤，卧风夺世。于希哉！今固得景而留光，乃惟凤联以艳色耳。"江波蘸岸绿堪染，山色迎人秀可餐""绿印苔痕留鹤篆，红流花韵爱莺簧""碧落青山飘古韵，绿波春浪满前陂""亭榭高低风月胜，柳桃杂错水波环"扬州古韵，尽于瘦西湖词中。

西楼含翠玉亭东,径径珠环梁绣中。
浅笑云台裳束负,游言戏掌道相逢。
柳塘荷静声声野,桃坞花香步步红。
恰是金联楹柱在,几多山水几多容。

336. 登栖灵塔赋广陵风 2015

李白,仙何?月中人也。其登塔吟之:"宝塔凌苍苍,登攀览四荒。"夫婉婉,乃伏栖灵而惊广陵,留愈风以名扬州。天香和风兮月之眇绵,鸣鸾并翔兮辞之交赋。余亦当歌于此乎?

月上抖青衫,
神来惊玉塔。
李白览四荒,
轻掷广陵斝。

337. 杜牧箫声:题瘦西湖 2010

河风曲柳碧波巡,蓬阙高低绕古音。
竹送芦香妃送舞,夜怜月影汉怜星。
干龙何走扬州道,平地谁添白塔云。
多少蚕盐堆梦幻,难得箫管谢王廷。
平湖绿柳华旗立,花径红桥馥郁熏。
步步风流收怨女,声声怅惘祭哀伶。
吹箫姝子今难见,踏雪王孙未换新。
何日五亭酌夜酒,二十四桥闻旧君。

338. 文游台叹苏轼秦观诗为知己噫世上素友难得 2012

欲借苏君诗几部，再交秦士挽金风。
天涯何处有知己，海角难听是故人。
无义在旁君莫认，道同虽远笑相闻。
文游虽小观天下，不许飞蝗至此逢。

339. 咏邮城：题盂城驿 2017

秦邮飞马盂城驿，春夜游宾旧燕台。
姑向太虚寻瀚赋，水乡独秀养鸿才。

340. 运河天上来 2014

天上听说有水来，扬州万柳覆尘怀。
古时独占风流地，孔雀今朝何处开。

341. 桃木歌 2011

　　东堤，有桃木瑶立。春，徐艳如缤，冬，骨道比梅。余平日往去甚少，唯花季复返，常不忍离。黛玉葬花，独伤桃花。吟《桃花行》以悼之，留芳辞于帕娟之上。尔其偎偎便娟，云云红棉，方丝帕穷，桃花侬仙。吾闻桃树力强而不能久持，约自二十龄即始衰。夫不知其然，何花明洁然艳而短也。夫玉容不住，飞燕伯劳，难无伤矣乎。黛玉吟桃花须臾，似香云易去，有"一声杜宇春归尽"之叹。桃花喻残命，黛玉喜桃花，亦命桃花乎？窈窕之美，玉身之贵，何以境于此。惟不与桃之夭夭以迎，宜室宜家以金耶？桃虽哀婉，且逾年而生，人亦可乎？唐崔护有诗哂之：

"人面不知何处去，桃花依旧笑春风。"兹以此歌对之。

桃花岁岁艳芳飞，月下朱颜又易谁。
明日不知君复在，任由风雨扫悲催。

342. 扬州悲奇 2018

广陵听往事，残月照楼云。
鸿烈沐汤火，箫声领凤鸣。
城中曲径巷，陌外柳烟轻。
闾市东关夜，瓜洲古梦亭。
几番卧尸血，几度碎碟音。
十日问青史，难寻旧井名。

343. 湖夜记：游北湖夜宴于船上 2016

岸上飘来桃叶歌，
渔灯闪烁乱银河。
晴霄荡漾迎风卧，
苍宇空悬奈我何？

344. 瓜洲旧梦：夜下骑行入瓜洲渡江边感记 2017

孤月一轮摇梦乡，
波平水静汉星长。
儿时三渡曾经夜，
天末化为江水扬。

345. 乡情 2018

广陵观月乡情少，
尽是华灯空负嫣。
一路文昌皆绿翠，
轻车直拟入秦轩。

346. 题高邮马棚清水潭 2009

湖上波平画雨舟，雨旸时若半烟愁。
桂香轻染赠寒树，蛙影惊腾卧冷秋。
杂褐花禽声破晓，刍荛大布号清喉。
凫沉荡底啾音幻，芦应天边野棹悠。
白鹭栖翔凌伟木，燕莺啼眷戏忧述。
冲天一振林中寂，再弄扶摇天际游。

347. 仙湖夜雾：暮秋夜宴闭过明月湖遇骤雾 2018

一片环烟锁月乡，鸾灯点点照寒泱。
正逢前路壶天夜，又遇归程秋野香。
骑梦以为仙府去，欲飞才晓雾花扬。
心溪涴濑生迟步，醉客飘轮踏素光。
此景难知应声远，那生无故惹轻狂。
几番入梦思李杜，难问少年喜杏装。

348. 瓜洲怜 2011

逸游瓜洲，流连忘返。望之庙檐佛廊，御碑娇亭，水榭石阶，楹联朱对。入江堤而凭视，帆樯如织，袅幻不已。儿时过此，直觉天落洪荒，仰苍而心惧。《嘉庆瓜洲志》有曰："瓜洲虽弹丸，然瞰京口，接建康，际沧海，襟大江，实七省咽喉……"惜瓜洲玄而美矣，非止康乾巡游，亦有文人诗咏之佚事，且昔时曾为咽喉要冲，留有金兵鼙鼓之声。今载戢干戈，游人只知为扬州小镇，不知当年被甲执兵。瓜洲源沙碛所成，然长江异道，砂堤坍江，全城没于江底，实令之惋惜。清末鼎盛之时，街井繁沓，民宿十四坊带带相连，冠有九坊城之美名，真乃古渡明珠，江滨宝石。唐代高僧鉴真由此起航东渡，民间亦传杜十娘逾河沉宝出于此地。

水岸江明不夜珠，相逢古梦战舳舻。
扬帆千挂下东海，回首九坊怜玉壶。
诗觅江城怀古渡，史衔沙碛没苍都。
大观楼上寻帆点，杜氏船边断爱途。
香入锦春花似火，恨随骚客赋成书。
清明二帝何须妒，前有龙舟棹浪浮。

349. 菩萨蛮·梅岭秀 2015

读郁达夫于梅花岭写史可法诗"二分明月千行泪，并作梅花岭下秋"句，叹梅花岭史海奇缘。

曾捐芳土生金瑞，春来灵曲孤坟萃。
梅艳暖英仪，魂悲归岭期。

俏梅风韵绕，梦断声长笑。
高岭筑郊坛，闻香乘雪还。

350. 扬州慢·乡怀 2021

声叹扬州，赋怜山水，握栏笑看平江。
坐轩堂笃静，对万蕊芬芳。
卷尘马、花城亦武，欲闻泥草，春雪如苍。
比西湖、不借金风，夕醉槐黄。

蛮腰楚客，问芙蓉、谁戴霓裳？
纵语燕吟诗，潇湘入画，难觅维扬。
素塔柳桥明夜，箫声动、玉女眸伤。
望秋风轻瑟，浮华别后天长。

351. 好事近·簪花亭四相之慕顾 2009

芍药刻琼碑，坐看亭舟溪映。
借此簪花伴酒，竟成召公令。

春来又是梦中城，桃柳依风兴。
半夜难提旧笔，欲书红影近。

花石篇

九、花石篇

352. 腊月梅新 2015

　　蒙春依稀，梅之蕊芽初出，粒如红豆，压寒气而独领春先。杜牧诗云："娉娉袅袅十三余，豆蔻梢头二月初。"眼前冬令未退，乃片片凄切，夫惟其梢头"红豆"显其春耳。

　　　　早来鸳鸟向谁依，一片霜凌百色凄。
　　　　冬日纤花收上苑，春分香韵洒东篱。
　　　　三春岁始寒天尽，腊月梅新红豆稀。
　　　　风醉雪尘人醉月，当歌请待柳莺啼。

353. 夏花秋叶：题紫薇 2014

　　泰戈尔以绚烂达于夏花，静美流于秋叶寄之以生死。夫芬若终蕃于春，夏日咸以妖徂，其光眊燥。夏花不可谓不美，蹇虽偶有嫣翠，乃沐烤炎燸，何以赏之。君闻乎，秦观欲追"柳外凉"，高骈恻隐"夏日长"。诗云："骄阳万里无穷碧，炎炎夏日慕春光。"夏花固香溢其闺，力透苍穹，莫若紫薇春艳而无与匹者，况乎红至秋冬，复梦春者之兴也哉！

　　　　不顾春红换夏衣，腹怀鲜紫跳云篱。
　　　　花开但送春风去，叶落还迎秋色奇。
　　　　何故凡尘叩旧故，但浮穹阙索佳期。
　　　　眸光淡去铅华尽，风倚晨辉星斗稀。

354. 海棠志 2018

> 梅花冬艳易折伤，富贵海棠春向阳。
> 纵有牡丹花易谢，难得遒骨色轻扬。
> 犹经踏渡寒中瑟，不怕天摧雪里藏。
> 浮塔敛生埋旧梦，祇洹精舍对娇棠。

355. 水仙花 2012

尧二女妻于舜。舜南巡崩，二妃殉于湘江。哀魂入江，化为水仙，凌波踏渡，比若仙子。尔其清风渡以月圆时，寒色踏而伤离合。郁郁乎，亭亭玉立，洋洋哉，扶舟立岸，宛宛之，摇我悲风。目极兮亲亲，光明兮辰辰。夜深噙波，云漫穷孤。美哉，哀哉。

> 湘妃白素首，玉魄洒冬秋。
> 金盏银台梦，洞庭江月愁。
> 天哀落竹泪，心切捧滴瓯。
> 相看牵花语，何时归帝州。

356. 榆英祭 2017

春郊，榆雨如酥。奄闻诗二首："水绕陂田竹绕篱，榆钱落尽槿花稀。夕阳牛背无人卧，带得寒鸦两两归。""风吹榆钱落如雨，绕林绕屋来不住。知尔不堪还酒家，漫教夷甫无行处。"惟中六字，爱之以情却："两两归，两两归……""无行处，无行处……"虽居春而慕雪，春之将尽，秋之何远。嗟乎，暮色之叹，聿悲怀于今而情同矣。

榆英入水听飞雪，
到处芳菲还故野。
满纸秋思书薤歌，
陈怀难借花难曳。

357. 枫叶吟 2015

叶张七角向灵霄，誓与春花争楚娇。
待等秋声颜色改，绿妆轻挽点红梢。
青湄绿水蝶荷映，红扇朱风月浦摇。
笑指兰香空斗艳，心怜树动竞妖娆。

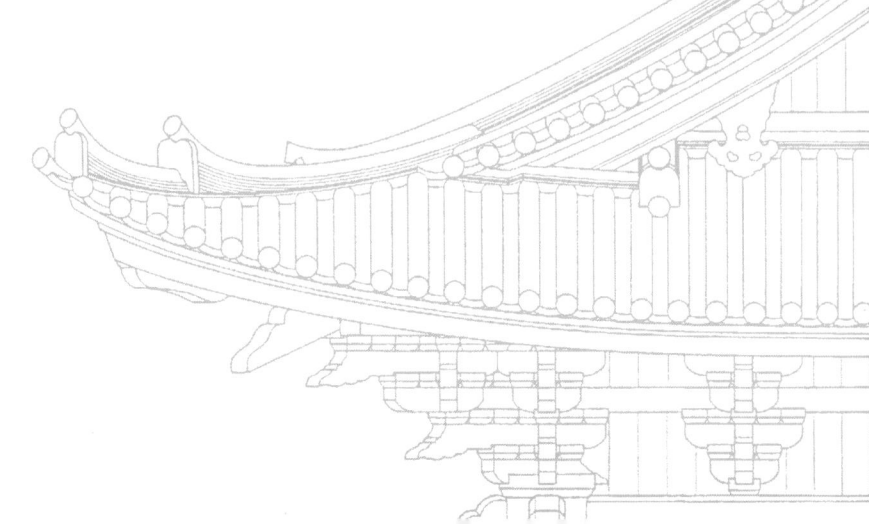

358. 金陵题鸢尾花 2005

昔玄武之风，莫愁之遥，过而恍然。余孤游而随春声，睇盼而抒情怿。羌眭明月，收妖娆，戏雨矢，沐夕岚。今逢再度，步倾匝地，独鸢尾簇簇，令顾盼流连，不忍离耳。嗟若，斯祇卉紫幻，能见当年乎！故以诗扬怀。

金陵宫色紫，鸢尾玉风摇。
玄月照空碧，轻枝赠小乔。
帝园飞旧室，静夜坠仙娇。
欲跨扬州鹤，送衣朱雀桥。

359. 题石楠 2019

倏临于石楠之下，朵媚如菊，白华滋艳。时异味熏然，如五臭尽悉也。夫欲退而又止，回转旁睇，有枫香侧立，珊瑚环巡，且栉比而远序。余惊乎叹乎，尔其径石觭重，道曲而风徐，繁树空涵，灵动而鸿清也。石楠别称千年红、扇骨木，传可许愿成真。味虽不足闻，却驱蚊含以药功。枫香珊瑚，美不逊于石楠，色不暗于鹿韭，虽无尤却曰之凡树也。人亦同耳，凡有缺，皆生性，凡生性，皆有缺，哲之。

石楠虽臭珊瑚伴，又种枫香侧影依。
莫怪春时花自负，为寻芳主莫言欺。
鸢姿玉色居天阙，病树寒鸦幻古奇。
得尽逍遥违易令，相如夺嫒隐书离。

360. 黑蝶弄花 2017

午后，取邮过一楼隅，有数芳娇作。兹黑蝶奄忽而至，倏然之间，其红艳消而紫意生，朦胧尽而幽奥穷。吾伫而醉焉。

墙角杜娟城，花开一路风。
香兰羞对面，雪素静无声。
忽有黑蝶到，蓦然红脸沉。
压得一片紫，色贵比三春。

361. 题葱莲 2013

几枝分秀紫砂盆，
恍若风中立玉人。
摇曳无声各自舞，
曾经月上是花神。

362. 斗芳心：题山茶花 2005

山茶借梦客天闱，暗恨牡丹凝脂肥。
不教春山披绿盖，任由三月筑红扉。
难得世上牡丹好，无奈室中娇蕊悲。
风雨到来谁落寞，千花谢去我芳菲。

363. 石榴花 2008

敛颜只待春时尽，六月香收我复春。
不与百花争艳紫，为听三月弄无声。
既然花去总留梦，何事斗芳才露珍。
八月催红怀远木，九州群簇谢安人。
渐闻金瑞挂秋汉，来醉紫极扶玉门。
疑似阑珊声落索，轻红几点慰心神。

364. 吟花三首 2017

（1）

绿草蝶花色自然，
红尘一醉楚风残。
何时梦醒坤乾断，
赠我新生赠我闲。

（2）

纤花朵朵赠伊人，
玉步摇摇拱翠晨。
犹是缤纷泼路野，
若归乡梓种春声。

（3）

举杯遥饮问佳期，
舞尽人间得九溪。
乡苑宴宾花片片，
闲风弄木叶依依。

365. 哀柳：古诗赋记梦 2016

　　白居易吟柳之美："一树春风千万枝，嫩于金色软于丝。"其喻不及人哉！况物相类而愈甚焉。柳之拂春，倏而过，莫如毋睹也。宋人哀袁姬之美亦如斯矣："彼美袁姬兮，柔芳懿懿。瑶沈薜瘁兮，追惟弗洎。"屈原吟芳之短："日月忽其不淹兮，春与秋其代序。惟草木之零落兮，恐美人之迟暮。"黛玉葬花喻人："尔今死去侬收葬，未卜侬身何日丧？侬今葬花人笑痴，他年葬侬知是谁？"终止于："一朝春尽红颜老，花落人亡两不知！"夫贵妃仙舞而横殇，未衰而溘逝，其怨可责矣？柳美情哀，哀之柔辗而碎也。

　　　　柳絮缤纷景色瑶，花随旧赋盼红绡。
　　　　风轻如梦人犹醉，荷绿满塘情更娇。
　　　　昨夜该当歌未尽，今晨何似雾中飘。
　　　　艳春哀柳几时泣，欲等西风望冷潮。

366. 题油菜花二首 2009

（1）

　　　　芸薹迭浪黄天阵，
　　　　一片香风坠梦中。
　　　　鸟借春灵花上舞，
　　　　蜂得娇蕊叶边嗡。

（2）

　　　　郊路炊烟稻米香，
　　　　农家院外菜花黄。
　　　　只说仙域人非见，
　　　　不料春禾艳此乡。

367. 仲春：题东门柳 2014

　　是时仲春晴晓，见于东门湖柳，其根老臃，身俯斜而近水，枯裂且矮壮，若盆景依依而幽然，夫其枝新芽挂丝，随风摇曳。睨暮色于眼前苍与凉，睱远思于忘年烟和月。碧波抵浪，丘烟沐香，缀青萍与若草兮，扈春荷以为苑。辄踏瑶天之娉婷，佚旧梦之飘蓬。今闲身于此，与春色相伴，流年飞而静于此刻，遂逐往而疑生云尔。

　　　　　　弱柳知春挂绿丝，鱼游浅水艳瑶池。
　　　　　　漏窗深锁浮仙界，明月二分在那时。
　　　　　　几醉虹桥东柳下，人间最好是扬州。

368. 腊梅思春：和窗下梅花 2006

　　听歌《梅花泪》，吟陆游"零落成泥碾作尘，只有香如故"句，梅节尚哉！情岂不为所动乎？

　　　　　　一树清芬寒阙舞，花开雪怒叶依春。
　　　　　　千枝万片朝钩月，万木千芳映短蓬。
　　　　　　蝶梦飞来应天瑞，暖风初起宝华生。
　　　　　　断樵常与抛杂地，几度君声锁玉城。

369. 春吟 2012

　　　　　　　　冬去桑栏裹银咪，
　　　　　　　　春来花鸟逢天翠。
　　　　　　　　青山踏遍问归情，
　　　　　　　　一碗陶鸿人欲醉。

370. 处暑二首 2021

（1）

处暑含云落夜风，
秋光满汉载凉晨。
搔头问尔春时暖，
才褪耕泥花梦声。

（2）

莫怪夏花三月迟，
不得暑令束金枝。
随风饮露听更序，
聚散原来自有时。

371. 蝉 2015

　　春之美，苦于字穷。出芳语而疏意尽，休饰言而愧景致。盼来春者急，歌冬仪者叹；惜去春者伤，感世道者凄。夫苏轼歌"竹外桃花"，白居易诗"四月芳菲"，骚春以艳华，月尽以哀怜。万籁之音神矣，吾亦和之：轻飞瑶天不知数，终落坎田啄人食。唐人刘方平曰："寂寞空庭春欲晚，梨花满地不开门。"启于落花，息于黄昏。其哀谁欤！众生途短，焉违此乎？

草知春到覆香尘，
犹有金蝉守夜昏。
夏日丛中缀英满，
千枝蛰遍叫明晨。

372. 秋日 2016

秋晚步于明月湖畔，忆张祜歌扬州诗："十里长街市井连，月明桥上看神仙。"感慨万千，以此诗留之。

金天霞满翠湖红，千树婆娑披彩容。
秋至谁言花易落，胜吹春日艳阳风。

373. 春雪惜时：由杜甫诗起 2017

杜甫诗曰："老去诗篇浑漫兴，春来花鸟莫深愁。"兹虽感于春而惜于时也。入春，云梦中睹白雪盈盈而飞，忽听有人和而歌之：雪隐时光鸟暗愁，唯听吾辈望来花。春风一度不知醉，暮日方寻在室家。诚秋黄故悲，春兴乃哀乎？人生唯时之不留者也。

花开花落复来时，几度春风几度痴。
醉酒轻狂年少日，闻秋索寞色惊丝。
月哀巴雨年年恨，君念朝夕事事执。
惨绿云横规步走，素光时短枕香迟。
诗书不等男儿大，豆蔻才出娇女姿。
一曲忧愁一曲路，陈怀吐尽枉相思。

374. 春信 2012

素峰岑静迟来月，
桂苑花娇早关雪。
一角清莲戏百群，
十枝春信吹千乐。

375. 春雪 2010

我笑风儿情肃穆,还邀冬雪客春怀。
杜鹃枝上邀旧故,瓦雀墙头抖新柴。
入梦曾游三月醉,飘香今看百花来。
休得事事皆如意,只愿春时初雪白。

376. 冬踏圆明园记 1998

曾经玉苑何所有,历尽繁华人梦中。
楚楚圆明春意少,声声冷雨雾园空。
黑云总是低风卷,卧树天生玉爪穹。
欲借长虹埋豫让,宜将厚泪赠荒穹。
碑沉色淡石轻隐,客醉姿娱行步匆。
烟绕烟浮恰无语,飞花飞雪锁哀风。

377. 题枣林湾园博会 2018

　　清人袁枚收金陵随园,怡之:"放鹤去寻三岛客,任人来看四时花。"梁元帝萧绎歌《采莲赋》,云莲舟"櫂将移而藻挂,船欲动而萍开",慕莲女"恐沾裳而浅笑,畏倾船而敛裾"。枣林湾位居广陵西郊三十里,传此林始于朱元璋巡游,令植枣林,泽润芳甸,遂生千圻于灵山秀水。今复建旧象,姑不见莲女轻裳移棹,却遇荷绿香满,浮红勃艳。又增芳林水榭,曲径亭台,是以南北之色相竞,复《园冶》以资风韵也。余居其中,复觉鹤翁之妙哉!虽平秋,似临春,近以接冬,谓以温夏。与白昼,清色淡;下夜滨,灯火莹;蒙雨注,博轻意。俾怡之广域耳。

　　　　停云台上瑞，对月夜飘烟。
　　　　轻步琼桥幻，鸾堤浅梦喧。
　　　　短舟推绿岸，玉壁挂灵泉。
　　　　又驭扬州鹤，才知九色天。
　　　　蝶飞问仙路，荷嫩送香莲。
　　　　容与人间住，逍遥银阙间。

378. 竹叶旧思：题个园 2011

　　　　前叹竹林后眷墙，俏石一路伴沉香。
　　　　古风窗透亭幽静，荷叶云浮池翠妆。
　　　　石语柳听花入梦，春来秋往燕归双。
　　　　涂山风韵寻天外，水木清华竹借乡。
　　　　夕露飞飞飘醉意，雨旸时若动怀伤。
　　　　曾观旧照心思远，又对新风说在旁。

379. 何园欧风 2006

　　　　月楼南岸对石君，又看凌波水上亭。
　　　　仕女低簪羞入画，薄裳轻履倦含情。
　　　　百年容与遥相对，千古难眠无处寻。
　　　　暂借莲花灯数盏，恨缺傩舞酒三巡。
　　　　雕梁画栋东方绣，大榭高台西彩云。
　　　　尽道桑林寻鹭曲，不闻流火纵圆明。
　　　　国行龃龉生愚昧，邦比淫靡毁太清。
　　　　巧手听出洋鼓势，和成好韵震天鸣。

380. 新河美：游三湾公园记 2018

园内最高山，名"津山"，其顶有亭，名"尔汝亭"，夫尔汝有亲昵之意，取自宋人张元干《贺新郎·送胡邦衡待制赴新州》："目尽青天怀今古，肯儿曹、恩怨相尔汝。"及至凌波桥、御风台，辄天郁乎三光茹翠，风偕乎幽情纤缓。三湾美分，向津山龙之欲腾，指绿水韵之广流。苏轼《西江月·平山堂》句有两联："十年不见老仙翁，壁上龙蛇飞动。欲吊文章太守，仍歌杨柳春风。"兹新河景致，意显龙蛇之势，色逸杨柳之美哉。

野菊环簇缀松间，迎客东门笑更欢。
壁上苏翁吟醉赋，屏中古景妒三湾。
依依径幻通幽处，渌渌涟纹揽月圆。
雨燕还梁传柳色，小风轻绕荡澄岚。
孱荫已让峦峰匿，黎雾又添陂道蛮。
遥视津山云树外，却观天海月穹弯。
曾游瑶阙红莲榭，几踏琼闱凤叶潭。
忽见鸾阶回艳首，难逢姝丽倚红栏。
夏清闻旦徐音袅，秋瑟锁湖芜野寒。
百草千花寻暮籁，为尝朝露种南山。

381. 双虹：题盆景园桥、大虹桥 2016

对面红桥天上虹，月门窗漏剪穹弓。
三春摇柳阁烟翠，亭榭错合弯月琼。
客醉西湖踏巅拱，目惊双燕踩足空。
飞来楚雀戏堤柳，当胜五亭两岸风。

382. 唐多令·春雪 2011

白雪映春波,新花越旧罗。
去年寒、今透梅国。
软语吴侬声祝远,轻轻问,似相托。

踏雪上青坡,迎风看月梭。
槭烟吹,红比新婆。
明日杏花还佚舞,曾相望,恋何多。

383. 长相思·春歌 2017

三月红,四月红。
几度春来腊月风,娥儿似敛容。

今日逢,明日逢。
来世推帘谁梦中,痴心意更浓。

384. 虞美人·梦春去吟百花怜 2018

愁人柳下掬吟泪,独唱春流水。
为花约你共一生,却看燕声南去、未相闻。

渚烟淡去裙风坠,袅袅伊人退。
旧园飘絮话三更,愿借寒枝几束、点残灯。

385. 一剪梅·芸薹秋望：赏菜花开惜春短望秋将至 2004

春枕芸黄透野烟。
水似香流，花比橙天。
欲朝冬雪忆耕田，燕未归来，谁踏村边？

皇阙妖娆关素颜。
梦里偷瞧，墙外难捐。
金阳碧月尽收帘，若芷无光，异蕊羞怜。

嗳，君不见。
风中柳絮落无声，今日虚吟，明日何缘？

386. 解连环·望春云 2009

水清花淡，待春雷寄雨，应招南燕。
雪客别、梅暖知时，恨只恨，桃开苦迟红溅。
几处风来，味清吐、玫瑰哀现。
锁烟棠凤挂，翠若枕绵，媚若罗茜。

千年为一爱恋。
让飞觥倦举，空影歌宴。
欲赌春、泼泪流辉，走近世间来，梦飞无怨。
新雨香尘，艳似似、长思别念。
恰箫笛又起，和泪落巾满面。

387. 闲中好·冬日花房睹艳 2020

闲中好，人是花中客。
室暖问窗蝶，香来踏草阶。

388. 一剪梅·题蓝雪花 2022

夏月风闲坠冷霜，春亦清凉，夏亦清凉。
夜虫轻唱越西厢，疑有新娘，素抹晨妆。

含泪逢迎苦愉香，几度芬芳，几度柔肠。
纤织四季紫霓裳，夕饮琼浆，朝弄扶桑。

389. 潇湘神·望湖思 2010

湘水长，洛水长。
云舟寄物借潇湘。
夜夜寒声传渚外，吟魂收泪剩秋光。

390. 如梦令·春光怜 2019

春来一片绿秧，秋还一片金黄。
吟阅尽如梦，眼前处处风光。
花香，花香，自是柳翠飞扬。

春添一道画廊，秋回一路荒凉。
啼笑不轻醉，莫谈触景怀伤。
匆忙，匆忙，若比月过天方。

391. 鹧鸪天·见木芙蓉赠赋后蜀 2022

十里江夕别梦痴。
曾经燕语伴春时。
难得花蕊逢新醉，不在君国舞旧姿。

抛瑰玉，锁相思。
随风入蜀展琼枝。
孟郎心毁花中坐，秋对芙蓉恨却迟。

392. 风入松·冬末盆景园观松提笔 2014

沧桑笑我性清孤。
难入花图。
林风欲起何曾瑟，身满雪、若见春初。
叶冷枝寒独立，花开花落何如？

春声秋露浥松都。
月过天苏。
玉盆巨秀花虚住，云浮动、不辨昙无。
自是高风雪岫，任凭汉海星湖。

393. 虞美人·竹园咏荷：游个园 2013

竹烟深处吹春信，闲月逐芳映。
芙蓉渴露教谁知，却报梨花得梦挂枝时。

游蜂不懂娇荷梦，花语如何送。
漫天红放纵无忧，但只春风情动誓难休。

394. 阮郎归·一朵玫瑰 2022

闻香岂在近花前，未闻魂已牵。
摇风阵阵楚风甜，可人轻欲仙。

寒却却，意绵绵，春风锁翠帘。
凄离半步却回颜，夜深哀月边。

395. 天仙子·酢浆草 2022

再好夕光随月漏,晴日含颦欺豆蔻。
可怜白雪为谁开?
风情透,相思瘦,瑶夜紫光寒叶抖。

396. 一斛珠·飘香藤 2021

新花绣叶,飞香满、蕊宫薰阙。
为收今夜秋风月,情待何时,独酒卧芳榭。

寻花但见梨花雪,笑开三月渐哀灭。
任风吹透霜寒穴,鲜若春阳,又看吐枝切。

397. 清平乐·七夕夜看格桑花 2022

墨泼花界,人醉藏天雪。
红紫交摇玉盆野,不借柳烟成月。

伴若天外群仙,欲问春风半解。
今度七夕兰夜,更揽月光香箧。

398. 卜算子·逢牵牛花思远 2018

仙姿天赐柔,臂软攀云绕。
淡粉红颜一架墙,院外东邻笑。

欲送丹菊贵,何惹牵牛恼?
不躲风尘看是非,人自是、还羞貌。

399. 蝶恋花·柳边乘舟闻千里香题 2009

柳烟如痴随梦中,九里飘香,味送千山外。
树上春莺声若讴,闻花哢语绝天籁。

就怕来年伊兴了,纵满芜台,忘却红颜爱。
何数君愁悲玉带,再逢旧影空牵拽。

·花石篇

剪影篇

十、剪影篇

400. 茶气仙子：香阁饮茶听茶娘叙茶经 2017

唐赵州观音院高僧从谂禅师谓"吃茶去"含佛缘玉机，夫平常而蓄深奥，觉悟以灵性存焉。北宋有贡茶而得官者郑可简父子，时人讥曰"父贵因茶白，儿荣为草朱"，谓之"一门侥幸"。兹茶因以污，寒非为"幸"也。茶与仙何？敦煌人单道开，饮茶苏冬能自暖，夏能自凉，昼夜不卧，一日可行七百余里，后入罗浮山百余岁而卒。茶喻尚洁，绝于浊昏，气可仙之。《礼记·表记》曰："故君子之接如水，小人之接如醴；君子淡以成，小人甘以坏。"水之比茶，切也。《三国志·吴书·韦曜传》载，吴国之君孙皓，"赐茶荈以当酒"，且勿论代之或可，羌交于茶而情雅，毋疑矣哉。

　　茶烟袅娜送仙魂，几缕檀香泼异芬。
　　庭外桃花比蝶彩，家中逸客叙城春。
　　娇娘递媚闻酥脉，古韵风流盼玉人。
　　往有坤伶霞袖舞，今约宝室凤灯澄。
　　以茶代酒朝七曜，披衲捋须绝郑声。
　　君子捧茶同五乐，清如甘醴入辕门。

401. 便益门桥看龙舟记 2019

兹国庆之际,有龙舟花灯,戌时趋而赏之。至便益门桥下,恰逢古运荡漾,清风徐来,岸边小径深而香堤褭,夜月迷而情侣牵。今怀仲秋之余光,得邦国之昌焱。昔日神乘其风,驾之六龙,势以光耀。兹玉流龙舰,虽未循天而下,恰似仙辉徐至,远声沓回。美美哉若波臣欢动,鲛绡吐奇,月露飘岚,锦罗挂穹。欲欲乎犹犀照牛渚,色退金台,不逊以六龙之至。夫天下以三池为贵,今见鸿波烟水,古运光风,焉有不及耳?宋人李洪诗曰:"乘风破浪非吾事,暂借僧窗永日眠。"逢此爻象之境,忽生颜郎之叹,此非桑榆流连,是谓僧窗之见者哉。

> 昨日龙舟隋帝怀,今迎华表下秦淮。
> 犹得萧史望秋水,最是寒烟捧雀台。
> 对岸沙洲惜古翠,身旁紫殿恋香槐。
> 汉唐风度收瑶月,满棹华灯踏梦来。

402. 潇湘吟:题小提琴曲《梁祝》2019

> 扶袖传息韵,聊书递慕颜。
> 依依云指软,淡淡雾眸烟。
> 扭魄琴声慢,揉魂弦意怜。
> 相逢蝶梦里,别饯柳风间。
> 离恨足愁步,哀音夜未眠。
> 情蛮涔雨落,独陌鸟痴喧。

403. 郊渔记梦 2019

时维空澄，郊北渔。达禾场而下，逾田坪，望远垛。嗟乎，摇清池而起涟漪，泛扁舟而开玉萍，秀连娟而抚泪目也。又水岸连柳，闲鸟歇憩，鱼游行轻。虽无华亭香榭，却怡蕃芜野陌。林风萩萩，但见竹芦碧翠；堤湾袅袅，唯有鸿波粼跃。往诉《桃花源记》，今安乡水村棹，娱此足慕云尔，患何乎！及夫春末，坐风而怀涩，惟苦短已矣。

几番斗舞比娉婷，蝶比妖娆花比轻。
芳水润波滴璀璨，雨鸦怜月道风情。
扶舟指雁芦溪唱，依翠踏红乡野鸣。
忽起风铃思旧梦，不知来岁问飞蜓。

404. 露台饮茶 2018

晨雾轻流泼露台，花湿新蕊见蓬莱，
谁知朝日无声起，蝶过满庭伊自开。
欲锁春纱关户去，斜收光缕带香来。
但留明月在今夜，容我新芳沐玉怀。

405. 鼠梦惊鸿：闻火神山、雷神山医院完工 2020

除夕生乍乱，鼠梦起惊鸿。
是已和花岁，难得恨酒翁。
云开吹日照，风起唤雷公。
似有春风到，何时旧客逢。

406. 白衣天使 2020

2020年春节，初八，今日确诊 11 890 人，死亡 259 人，治愈 275 人。

> 万家噙泪雨，
> 天使舞江城。
> 平日柳风好，
> 几闻鏖战声。

407. 花都汇购鹦鹉归 2019

逢明春之甘晴，凭天清乎日晏，惜春柳与早莺。尔其微阳暖照，风怡冉冉，海棠悬坡而漫，红灿映乎清池。百馆石之礕鉴，玉之迷离，清虫鸟植，其影斑驳。鱼馆纤色分流于芳鸿，惊艳兮漫于溪空。细聆磨琢，玩味而不止。梁武帝有《孝思赋》曰："虽万类之众多，独在人而最灵。礼义别于飞走，言语异于鹦猩。"又曰："灵蛇衔珠以酬德，慈乌反哺以报亲。在虫鸟其尚尔，况三才之令人。"夫汉宇与周匝之地也，百物灵之，息张之有性，鸣静之有思，艳谢之有哀。武帝之情胡宁其独有？不亦自然矣乎。

> 窗外清然数鸟奇，
> 此家何似见灵犀。
> 高堂鹦鹉凤身曳，
> 一室春光听玉啼。

408. 方巷行记 2019

方巷行,晋谒张爱萍纪念馆,晚作记。古之曹孟德亲伐于乌桓二十万之众,凯旋归作《步出夏门行》,抒怀老骥伏枥,志在千里。烈士暮年,壮心不已云尔。将军社教于方巷,时年五十五岁,咸卧龙兮僻壤之乡,临风兮骤雨之夜。顾红日与雁云呼之,其势不逊于孟德也。曹君之才,盛誉文皇,将军亦马上吟歌。至若名将偕以钜学,浩戎博涯,彼时群英之容尽浮。

乡途虽有花千里,
难比陈园墙里菲。
常念将军鏖战事,
片留方巷望云骓。

409. 英烈赞:瞻烈士纪念馆记 2015

雁声壮阔荡敌戈,白羽南江埋冷歌。
手刃倭兵怀战场,身同义骨裹桴革。
但涂吾血雄族剑,共与英雄唱百合。
天欲逶迤寒古铁,而今时到暖春禾。

410. 乡村行挟风踏夜 2016

夫宴后，夕暮出而迎郊岚。乡风蔍蔍，野鸿菲菲。月晕之风起，天清以夜开。远镇庐舍栉比，鸾灯朦胧，比若海市蜃楼。绿野浅淮，香风丽影，鱼之久留，荷出百丈，云动千里。尔其光景奇绝，古意萧飒，若坐昔之《春晓图》中，故以此句吟之。

　　　　三里清风三里醉，九天瑶色九天逢。
　　　　从来不是村花冷，只教留得桂户红。
　　　　山外蝉鸣惊日暮，眼前游雾锁春丛。
　　　　梦中皆遇神仙事，今夜幸得此路通。

411. 戍时阳台花架结工赋 2022

　　　　淡对云移笑送花，
　　　　寻常架上落红霞。
　　　　忽然飞鸟皆不见，
　　　　疑似窗前有客家。

412. 菜娘鱼妈：晨起买菜记 2017

　　　　厨事叮当百姓春，炊烟缭绕涓间门。
　　　　菜娘谑斗博风趣，妙语频出比相声。
　　　　旧梦上河游六市，今朝寻步览三城。
　　　　人间几遇良宵贵，但问三更送菜人。

413. 郊游眺道上高舆记 2008

清风明月踏兰秋，
溪动人愁影更悠。
道上高舆朝北阙，
身旁柳色自瀛洲。

414. 月台听雨 2016

庭香月润桂花开，秋雨流檐鹤雾白。
溪动波旋桥作梦，风来蕊吐色倾怀。
才登水岸迎微雨，又伴清风守艳台。
远看如逢天落翠，细听还有鸟徘徊。
夜乡独静楼光幻，千凤齐鸣九域开。
几次悠游留醉意，再约吟客入蓬莱。

415. 叙余年：颐养园唱《最美夕阳红》记 2018

风吹绿柳荡秋颜，踏步欣然会酒仙。
人比萧郎思远意，情如赵李赋茶缘。
举杯不问曾相遇，对面欢聊复叩拳。
旧友新朋若流水，光风艳季似何年？
本因错过求春雪，岂肯重逢书旧联。
台上管弦风月老，夕阳伴舞醉当前。

416. 望寒鸦 2012

秋末，道枝因修而濯濯，是故凋零之色顿显。夫仰以苍然，皆晦涩迷蒙也。街侧有溪，其水潺湲。逢堤而立，视干柳溪辟，不见往日玲珑之气。仰空澄而望之，秋冬戾寒虽盛，亦难阻春音踏至者哉！惟兮，寒能几何，人生抑或其外乎？

逢冬刈木还天远，冰树寒鸦崒兀拔。
壁尾残切伤几日？折枝断处又春芽。

417. 题《东罗碧水》：参观兴化东罗镇新村建设 2018

东罗碧水看荻花，棹荡芦风夜月华。
乡艳溪清秋旖旎，夕阑夜素室宜家。
荒园难去径边老，几代孤烟鸟语杂。
疑似凤来兴皂地，尧天九道绿春纱。

418. 逢花神于乡苑 2020

月季，虽寄以玫瑰，实乃凡花。兹叠栽于栅栏之周，苟以三年。一日随往，但见嫣云徐回，轻蕊茸袭，金枝阗阗。茂者参差交互，怒而毋收。尔其娇不逊牡丹，艳不次春桃，媚不轻兰菊，漫不忏山茶，野之不欠矢车、石竹。宋人董嗣杲诗云："酡脸倚娇承舞雪，瘦枝扶力借柔风。"今桂树之下，孤有一枝，侧而倚以干。敛而开，孤情含梦；收而放，凭栏寄月。爱斜于内院，闲步者惟不能见，独出北扉于户后，挈桂枝能侧而睥之。其色，乳而粉，其质，软如纱。瓣缘如绛丝缠环，朵色譬艳雪红泥。夫大小如秀碟，风摇佚动，若素娥情生，仙姝落凡。时维疑目相遥，羞首神移，若见清瞳与碧云、偎媛与琼姬。及夫翌日再顾，拟拍而收之云尔。嗟乎，奄忽已衰，颜退神去。由是，迩怜稀稀落红，远哀芊芊碧茵。莎靡飘而何所似，鄰鸿语而为何诉？

　　　　小苑春潮花自舞，笑含红粉软如纱。
　　　　背衣羞对半遮面，孤蕊独支满斗华。
　　　　燕子千飞欲归处，鸾蜂早到筑为家。
　　　　尔来应是花神殿，不负仙颜落月槎。

419. 与坡上丁香和语 2020

　　夫临东坡新增丁香一枝，花逸紫菲，如新邻旧客，无以释怀。遹思厥怡，遹观厥兴。是以留诗于下：

　　　　帝逢罗袜入仙林，
　　　　我伴丁香道玉心，
　　　　天贵无名凭自语，
　　　　人悲三昧拜尘君。

420. 村寺 2015

　　　　燕来春梦醒，
　　　　花曳露妖娆。
　　　　香客问邨寺，
　　　　清姑佛掌娇。

421. 电视片介绍梯田美景记 2017

蓬莱不信问苍茫，竟有春光若此乡。
疑是神仙新落笔，未知惊梦送耘香。
鸟飞一处眠芳册，山聚千层点画廊。
曾伴旧时荒土地，今还新貌稻风黄。
凤凰来比故添彩，翡翠难言也自慌。
谁在人间耕六地，谷神挥就彩虹扬。

422. 秋日游月塘张家洼高粱地 2022

暮秋，妻之同仁，休而兴哉。着粉装彩服于高粱山坡，舞其身，思其往，梦垂髫而豆蔻戏。时维苍穹虚渺，阡陌遥静。环而视，悬空山哉庄影动，隐风车兮高粱烟，纵收目亦难出萦回。余乘化以融乡怀，宜天运而歌之。

风车雾剑筑仙城，树上枝摇喜鹊声。
一地高粱满天彩，半山秋色半山春。
徐风燕尔空留梦，忭舞逍遥最可人。
影落夕阳凰凤老，花怜艳蕊雨声新。
不该昔日捣糊面，且向今朝比雁风。
庄外蝶蜂辞远嫁，八方玉秀盼相逢。

423. 眷爱：见园中遛犬思 2013

追思于曩昔，犬伏玉皇，命承信使，往于天地之间。兹因钦差误言，遭天庭谴于人间。帝夺其语性，废其翔能。哀乎，忠焉何以媚上，仁焉何以殄慈。万物莫大于善行，别类无分，况乎人哉！古今上下，明君贤圣，似无避让耳。吾等墨鸦骀劣，居修月之下而不明，又避者欤！面凡犬若仙祗，斯目憨娱，知其所踪乎？犬与马牛羊猪鸡并六畜，比于犬，人为几畜？

灵瞳歆首作沉思，
神若飞龙翔宇姿。
一窜三伏求慰抱，
谁知潜月为民时。

424. 咏恩歌：感于生活之事 2016

刎颈诚珍贵，
但吟滴水时。
和风飘细雨，
唯有道心知。

425. 蝼蚁怜：感于所见 2016

蝼蚁忘居寻燕室，
开凿谢土建昌宫。
久对黄尘说帝阙，
筑成危厦笑南翁。

426. 五彩世界记梦 2019

今友邀聚，初步于五彩之城。夫华光烁烁，金铺连扉，物艳货满。尤美食府屋，佳肴飘香，醉人涎滴。少男少女款挽而群逸，老幼阖家游息之。东汉有费长房壶天之说，言费氏行市，见一售药老翁，悬一壶，市罢，跳入壶中。长房于楼上顾之，知为非常人也。次日复诣翁，翁邀之入壶。仰有天地日月，近现玉堂轩丽，旨酒甘肴盈衍。二人共饮酣毕而出。由此谓壶天为仙境相喻。今临五彩之境，似得壶翁之身，爰生同感也哉！

洛苑壶天色，霓虹玉藻烛。
宸居还佚梦，甘旨沁瑶垆。
少母㧟童手，新夫叫外姑。
鸾姝金彩绶，骄子剑风浮。
白夜收烟月，妆光照玉梳。
无须临桂域，恰似在仙途。

427. 古运旧事 2015

清人吴伟业有诗云："水市湾头见，溪门屋后偏。"其述水边人家之景象，可谓栩栩如生。当年古运河整修未启，沿堤平屋连甍，恰如吴氏之诗咏耳。水户人家，阶台栉比，前朝繁华之坊，后临栈石梯水。家家皆有踏溪小门，噫吁哉，徜徉而居，其景幽然。遥视对岸，林丘悬以虚影，浮霞映之溪光。浣洗之时，迎碧波，俯轻流，渺渺以空幻。

水清波袅梦烟生，千户溪吟自水门。
暮晚斜阳穿户照，栈石汤火与郊争。
欲寻羁贯若耶水，难觅春纱昔日晨。
对岸桑林留夜梦，满船香果祭园人。
祇帆棹动推天宇，广域星流扫愈风。
夜夜华灯舟自袅，姑听旧梦人黄昏。

428. 吟岁 2018

途古楚淮安，辄遇旧朋郢客。数载陌，皆白发平添，相逢晏然，实啄心扉而波澜起，值欷歔而感慨抑。宋人柳永《少年游》蓦然眼前，长安古道，倦马迟迟，秋风薿薿，驭马人意阑珊而孤歌，缓兮寡态，忽兮浸淫。词末有云："狎兴生疏，酒徒萧索，不似少年时。"爰伤日徂而感生之辞，不亦铸瑶词而千古乎。偶此景而哀，孰与赋怀而讴之？

酌酌对对两三杯，热闹寒暄又几回。
忐忑人生都老去，少年犹醉指仙闱。

429. 童子 2009

庄子《知北游》谓人生"忽然而已"，李白于珽筵之上，衔杯怡兴，作《春夜宴从弟桃花园序》，曰："夫天地者，万物之逆旅；光阴者，百代之过客。而浮生若梦，为欢几何？"佛之以时，一为劫，二为刹那。劫虽乃长，然意在生灭。三界之内，皆在劫难逃。劫可增减轮转，唯经火水风灾可禅天而空，历成住坏空而度变涅槃佛道。夫生之若长，皆还为须臾也哉。俗幻迷生，冥识增寿，皆徒劳矣。《金刚经》有曰："须菩提，过去心不可得，现在心不可得，未来心不可得。"所期者何？皆虚妄乃尔。王国维以诗叹曰："最是人间留不住，朱颜辞镜花辞树。"纳兰性德伴"西风"而"独自凉",悲过往之"时"难以回首,皆缘"沉思往事"而"立残阳"。独王勃作《滕王阁序》,表少年之伤,恨命途多舛,谓"冯唐易老,李广难封",诉芳年以"舍簪笏于百龄,奉晨昏于万里",又不甘于风华飞逝,尝"东隅已逝,桑榆非晚"。吾辈谷芸,能"三尺长剑提在手"夺吉氏之勇乎?徒虚以浸淫,空待于夕阳者也。惟惊杜秋娘之劝,空放"少年时","无花空折枝"。旧有冯延巳诗曰:"细雨湿流光,芳草年年与恨长。"此不独余之叹,世人之恨耳。

妖童墙树跳,归梦是风筝。
蹊巷捉迷乱,飞弓落鸟声。
春来一痦寐,秋去半烟城。
弱冠已气帅,髫年昨推门。

430. 木马歌 2019

高低随木马,上下逝云烟。
相对正迎雪,扶风魂放天。
不让光阴返,流年何再牵。

431. 挚友捐鸿:题旧事 2005

时忆"文革",方年少,闲于县府,悉以鸦雀擒欢,恶趣为快,得一兔狗而娱一日。游弹弓之事、摔跤之力、臂举之娱。慕桑榆而攀航棹,身瘦弱而好勇力,堪为骄姿,号为自誉。孔子言,"勇而无礼则乱"。兹之时务,恰应此说矣!夫少友三,高考始,一第于苏城,二入于金陵,吾子予于邮城。时孤意攀心,衔郁积纳更甚。于此困顿之际,忽接姑苏之邮,开之见教本一册,然竟有抄迹,字体井然。嘘唏哉,若宝刹之典,引苍宇霹雳。少年之情纯也哉!复与今日,每每而感之。

咫尺方书字几行，少年学梦度寒窗。
盘弓契友攀高月，正笔捎鸿问旧郎。
不怪和风吹树老，只因殳剑指苍凉。
故园复盼千芳谢，谁坐流星横陌泱。

432. 童乐 2017

童语依稀坐漫城，
呀呀指指步天真。
方才逗罢哭还笑，
早有妻儿抱吻声。

433. 忆儿时：再顾老地委大院 1999

石狮东巷立，古衙壮威门。
折桂凤枝翘，摘桃竹架沉。
依窗听报告，闻父放官声。
杂踩花丛戏，母持戒尺申。

434. 风吹旧梦：题月份牌 2009

今人偶见月份牌，常若入瑶烟佚幻之境，奚信于百年之光转矣乎。画之柔媚，神之绰约，焉可用语！似曰，前世今生老上海，风情万种月份牌。斯岁月凭象征，时尚寻印记，文化思前卫也。其画艺堪胜于西洋，入本埠之新潮尽显于宁馨，谓以淋漓尽致也。惟见于月份牌之人，方懂时髦之词涵。盖新房红烛摇曳，途人怀旧情伤，只察于此。

柳烟花雾玉尘埋，惹却红颜心复哀。
月份牌风吹旧梦，柏梁韵味洒沧街。
去国幽恨觅无处，含月芬芳种雀台。
春借风情陶水埠，棹劈秋浪坐潮怀。
东方阮玉长留影，白雪胡蝶久不衰。
犹过百年还馥郁，新香比艳步徘徊。

435. 重游旧居地官第10号 2002

敛步蹀足趋小苑，巷幽如梦忆童戈。
天光一线仰高瀚，琴韵吞台幻帝阁。
谁在梁园收月影，意留红镜照香娥。
回眸再看皆浮艳，举酒孤吟和旧歌。
衣女井边戏儿撑，水姑溪岸野芳折。
西楼夜梦闻娇侍，手捧金莲戴月禾。

436. 游中学原址记 2013

驿马孟城古梦时，文游夜雨凤台痴。
葱葱猗与芳草地，淡淡萧寥仙柳池。
舞象奈何斗年忌，但嫌扶鞘步拔迟。
骄童教室学乌兔，书场闹声作鬼姿。
赞化寻风追往日，轻车问路辨相识。
姑将旧事风中去，只醉新愁捧夜思。

437. 汪氏小院侧记 2010

　　汪氏小院为地官第十八号（今）。儿时，吾居地官第十号（"文革"时）。论之建筑，皆为经典中式。若夫其风，不逊于汪耳。坐北朝南，临街一扇高门，砖雕门楼，入之东侧为一南北直巷，深而幽。巷西依次为四合院排列，其末东转以拱门接一小院，内有花圃竹林，左转为一大园，建以亭台楼阁，花园假山，衣台水井。拱门连以小径，青台曲以廊檐，环环而幽虚。西北立弯月形廊道，环抱一荷塘于中央，又以石道接半岛，其上筑芳亭一座，今不记其名也。夏日巡其夜色，碧水清流，溪声柔潺，其境若朱自清《荷塘月色》之美。沿曲廊向北，再以小园通之，其东侧由后门出其宅，经小巷而连于东关街。记之，入门直巷东为一纱厂，每日窗中传机器之声。其为何宅，未考。今思之，吾居者及之纱厂皆如汪氏之家，为清之大户也。其时，吾居而不知古，戏而勿觉贵矣！

<blockquote>
旧日西邻清院古，不知原是贾门家。
放学来去悠悠过，雨落东西阵阵滑。
玉径难得落新雪，少年无故射弓丫。
一林荒树道无奈，半世香园更恋花。
翠蔓增藤千色秀，轩台栉比九州达。
扶阶步步逐童马，遥唤史歌传我家。
</blockquote>

438. 岁梦：春返随园 2019

当年跌读，似昨日之光，忽闻《九歌》句："留灵修兮憺忘归，岁既晏兮孰华予！"噫嘻！岁月匆遽，索索兮难追矣。

百花成宴醉春风，岁月如歌迭梦尘。
才饮金陵别校酒，扬州已是六旬翁。

439. 思读 2009

古人云，书为甘食珍馐，况乎"文革"湮于乱纪，岂止时域简贫，且又昧浊愚傲，亶曳曳而自足矣哉。今下复言，俾以惊怵而后恐耳。

孺子因食咽，少年亦语泱。
时逢登五桂，心乱覆三江。
再入金陵梦，似披飞翰裳。
君当宿芄野，无意碰春光。

440. 父言记：一段红色记忆 2017

来如赤子未闻骄，父志偏违动地摇。
宁信千年儒道释，几悲英烈斧枪刀。
少年荒昧泮宫戏，文墨无修诨语交。
书有点滴心诩诩，腹收凌乱意滔滔。
孔天周月花明艳，烈士寒歌苍寂寥。
常念父归言欲续，愧听今夜祭劬劳。

441. 母育寄语 2020

裕后光前谁永在，
携风望月对千辰。
寒沙尽卷孤城泪，
莫教飞花再咏春。

442. 八六子·题连续剧《亲爱的爸爸妈妈》2022

戏随心，凤钗妆软，还他旧梦讴吟。
看漠海琴音夜色，渚皋芳甸晨云，少怀再寻。

恩风几代含熏，枕入素尘如雪，风撩草莽如荧。
揽清雨甘柔，紫花春乱，欲勾残露，但听鸣翠，
只因俯梦难成醉客，虚谈何似轻盈。
恰飘零，春蝉画飞绿亭。

443. 菩萨蛮·时初夏游郊惊春忍去 2017

明年三月桃花雨，那时折柳春何去？
人醉影屏虚，花残半月余。

笑听莺语梦，不惹悲思动。
世事转头空，恨他曾梦中。

444. 江城子·东方乐：得新碟听古乐情动 2009

笛箫筝磬筑胡琴，月天吟，雪娥惊。
千里宫声，一怒万悲情。
拔剑叩杯牵舞袖，东方乐，碧垂馨。

萧萧瑟瑟锁哀鸣，梦中寻，踽凉音。
悲古关风，陌上曲幽清。
昆域扶桑平海日，苍天裂，问归云。

445. 南乡子·观《CCTV音乐厅》大型舞台剧《丝路·青春》叹人生如舞 2018

长袖舞芳菲，腰柳桃红花满帷。
借路仙遥飞月境，琼玫。
天上人间共羽杯。

西曲梦千回，仰马秦关饮笑归。
脉脉斜阳撩醉客，夕辉。
莫让乡愁转泪悲。

446. 玉楼春·观影《你好，李焕英》2021

倚月飞遥逢旧院，笑泪噙花痕点点。
欲听兰梦却声寒，阿母芳怜谁复见。

萱草花知生死恋，惊起又回神惓惓。
借得黄柳只一回，独舞风尘吹玉面。

447. 踏莎行·乡野车骑 2016

村草烟霏，溪渠碧荡。
风吹更教梨花放。
天衢绿遍入春初，时来跨马飞千丈。

刹远星隆，天酥夕潆。
回头日暮柔丝样。
小河轻叹水思悠，蒙烟但覆斜阳上。

448. 浣溪沙·中秋记梦 2018

徐盼秋空霁月悬，玉光飞帕梦良缘。
听夜莺，枕绣帐，酒香绵。

莫怪谢娥空捣药，让得柔骨守云丹。
月堪谜，天最恨，弄人间。

449. 卜算子·游子 2018

水艳借娇波，山艳偷芳野。
更起新愁弄旧愁，游子多伤切。

风雨画秋初，暮雪惊冬夜。
若是春风盼我归，不再陪孤月。

450. 点绛唇·三月游桃园 2021

淡淡翛翛，轻红雨透纷纷瑟。
桃园一片，何处寻仙鹤。

天上影飞，疑似瀛洲客。
寒难遏，河风嗑嗑。
来日依依侧。

451. 闲中好·翻旧照 2016

闲中好，膝上坐儿孙。
旧照平衫笑，如何觉陌生。

452. 西江月·儿童放学出校记 2022

远处含声诺诺，门前密阵丛丛。
多情总是献书童，来向花间续梦。

好梦随风浓胜，青春不比香红。
闲云转眼过江空，定在江南成凤。

453. 浣溪沙·席竹林惊山溪声脆浣溪沙词画若现 2019

十里碧溪缠翠岳，悲无浣女撩鸦雀。
吟吐再难羞色借。

红鸥寂寞浮空榭，古渡茶凉留满月。
点点残红篝火灭。

454. 水龙吟·陈集古镇记 2021

奈何曾是风情地，莫笑邮楼归燕。
壁痕思旧，夕灯骑影，虚阁藏怨。
兴尽踟蹰，忽然惊起，抬头雁远。
忆乡树雉鸣，少时游步，叶笛脆、传芳甸。

秋水依依羞敛，月娥娥、龙吟声幻。
蝶飞残蕊，无心恋色，春来又盼。
心有一屋，茅椒前透，樵音相伴。
且三年勿待，如行九载，一番诗卷。

455. 淡黄柳·少年情：悲苏仙谪途 2018

花时最快，昨日如春败。
鬓上流年衣贱卖。
阵阵轻雷天籁，都在黄州梦声外。

伊人在，难寻少年爱。
箫声远、雁声蔼，煮芳茶、旧影魂牵拽。
数尽功名，转头空载，一笑江山点黛。

轻谣篇

十一、轻谣篇

456. 收愁谣 2011

面若沉云愁未了，愁来愁去是空愁。
梵钟声脆传千里，人间业报几时休。
恩去无情笑曾是，谁怜共渡旧时舟。
难测妇心芈八子，误拨情火义渠游。
落絮身柔枉飞舞，无奈冰心照九楼。
多愁只应增烦恼，愁杀春风笑杀秋。
久在红尘心已许，愁得一世坐浮丘。
至死方知怜刹宝，千呼万应再难求。
无情笑饮忘情酒，但有多情自作囚。
天似无心高万丈，日照千家百陌讴。
问渊深有几千尺，云舟破水莫回头。
高帝无愁歌阙殿，且解屠刀猎父裘。
世间忠义缺栾布，欲逢知己子玄羞。
恨若狂飙情若海，不见沉仇东水流。
春花飘谢怨秋早，日暮难迟人更愁。
无缘相对难相渡，别处香来香又收。
前缘未了云中事，梦飞红燕欲强留。
故念心诚得甓社，借得彩凤许花楼。
莫愁三友相逢少，三杯两盏却成仇。

太平香雪冷公主，月落上官虚梦筹。
红颜倚尽何曾静，新人醉了旧人愁。
顺心成意莫得意，爱逢绝处爱无由。
清风日月寻自在，何抱千金愁复愁？
举目抬头收四海，玉风轻卷上高楼。
曹寇宏图难入画，玄宗信舞落鸥沟。
秦皇算尽身无后，蜀君仁顾子龙忧。
一场红楼许天外，梦留兰苑命难收。
情窦情开情似爱，误作情真真意投。
平心淡月听风电，何来横竖躲恩仇。
天宽地阔愁难在，腹有鸿声含九州。
本来花酒皆逢场，却扰翠娥思梦周。
古梦秦淮谁见过，常闻左右唱情舟。
满室金银非惹眼，若换君心谁会偷。
偷是为财焉为物，物因财毁两难留。
自古腾达随将相，如何谄媚问王侯。
花天酒地君王座，横尸桂殿史悠悠。
鹿台风火灰未尽，枭雄又起荡坟头。
踌躇满志接封赏，前功化作庆功楼。

457. 胭脂谣：题《胭脂扣》2015

风花雪夜恨无缘，白露泠泠弥夜天。
奈河桥上声呼野，望乡台下看人烟。
天边孔雀东南唤，悲声五里一徘徊。
曾经千誓盼结发，何对黄泉诉梦怀。
求君再忆妹欢样，最爱唯游春日阳。
今番来见秋风里，斜光暗淡闭春窗。
昔踏城阶幻花海，胭香柔碎漫苍台。
记得同戏春江水，未至寒食桃满开。
无常又要索轮回，妾怕消魂哀满帷。
春时若见奴依在，已是蝶身花上飞。
我自蝶飞心哽咽，尔真唤我又何如？
算来已有五十载，不知阳世也孤途。
西风倒树虐新芳，好似晴天陌上霜。
雁坟遥泣相怜顾，落红双偶对彷徨。
良辰美景随风去，情含真切叩如来。
温存只念声声切，夜寒难忍盼君怀。
世态炎凉难共度，拜得冥月远俗尘。
素车悲送为衣暖，不知了去乃孤身。
红颜似水去无返，谁解人间风色凉。
相拥若是得长久，愿成蜡像住蛮荒。
香茗在手为谁端，春来顾盼旧时颜。
不闻兰脂甘醇酒，只恨飞花未尽欢。
胭脂姻缘定三世，月风兰夜照如花。
不信风流情易变，我来阳世复君家。
汉星相梦忘相遇，日月曾经天共浮。

妾身卑贱勿贪尔，君家富贵莫随奴。
玉殿飘摇几径凉，夜度秦宫一遍荒。
青衫似似一般俊，迎前再认野狐裳。
冥约难见冰言毁，著诔晴空枉挚真。
我将飘去你留住，悲时望月看啼痕。
烟飞霭覆云中路，黄泉梦里莫慌张。
莺鹏娇啭哀风柳，燕子何时在故乡。
两情相悦珍如玉，不抵苟活贱骨身。
我曾捐命寄公子，何时白马驭消魂。
欲留孤月为轻盈，夜静可听鼓瑟轻。
春风有路何时见，满是荒凉陌野行。
七日冥期空守候，满盒胭脂为谁存。
情何如水别字了，难信从前唱旧声。
坟里哭音惊月树，夜深又伴暗云飞。
今日还能别梦里，不知明日唤谁归。
轻踏奈河扶九京，指路泰山梁父吟。
六天酆阙五方鬼，望乡台上问家名。
他日妾身作丫黛，揭去翠帘看有谁。
报君难语妹身苦，千花借梦入深闺。
腊梅知雪倚冬怀，不怕身孤独自开。
自有鲜华作春信，引得众目为她来。
望君切莫惜诀舍，阴阳两世早无缘。
他日有情折鹤纸，相遇难成空自怜。
寒灯孤巷滴清雨，玉秀回眸扯断肠。
柔情怯怯袤张望，未见当年作戏裳。
声声息叹空悲月，梦醒几分君泪还？
欲借人间多少痛，才能了却渡人寰。

458. 文姬谣 2011

铁马崔巍大汉风,玉笔纤纤才女声。
五百沉沦天落索,沧桑异彩女杰逢。
卫青铁骑驱千里,灯下文姬绣汉书。
天生慧性收灵气,一朝惊艳筑芳途。
十年幼小辨玄音,蔡邕虽厚赖千金。
羲之何有神仙笔,无奈风熏祖庙云。
桃花鲜艳怕春飞,三月偷香人自随。
漠外相思浮旧梦,几度西风落日归。
本来风雪忍欢情,却因爱子起温馨。
清姑泣嫁才收泪,奈何强被束胡裙。
汉家妃女谢凝脂,不懂胡奴芳草心。
十二雁生感风月,厚积文采笔锋新。
中原梦断女儿魂,不信随风度此生。
多情依旧望沧海,只恐年年为梦成。
他日红妆踏马飞,公主梦闺羞见谁。
看儿乖巧徒惜叹,思乡夜夜恐笳吹。
只怕夜深人睡去,寒衣未作逆风来。
汉声西韵琵琶注,且试胡笳十八拍。
离人久立春庭下,犹似端茶落日时。
乡愁但见吟孤帐,作叹唯听悲愤词。

君且听，胡笳十八拍如何吟。
戎羯逼我兮为室家，将我行兮向天涯。
云山万重兮归路遐，疾风千里兮扬尘沙。
越汉国兮入胡城，亡家失身兮不如无生。
试悲情，太伤心！谁不怜兮泪沾巾。
最愁缥缈无情雨，千金白璧抖春光。
文姬万里风回转，艳红不在故园荒。
漂泊忌复当年事，昏莫不知在汉庭。
长是茫然醉年少，青山依旧梦难寻。
恩典意秾厌颜色，妃娘三五赠垂华。
凤章虽秀难为妇，此时方叹好春霞。
相逢几处隐罗衣，未见春风却见疑。
两情何似教圆满，只为今人梦旧期。
蜂蝶只顾斗蹁跹，折翅才知薄翼纤。
才华一度艳声起，香消玉损看谁怜。
天途悲舛全身退，珠黄花鬓坐齐眉。
苍穹深深倾澍雨，谁叫鸿儒寄月闺。
一代风流博后汉，胡庭雁过断风筝。
虽有归朝隆礼遇，蓝田只落蔡王村。

459. 秦风谣：观影《神话》记梦 2016

天真帝将争肝胆，毒辣小人贪此生。
君子荡怀千万里，三春收却照归城。
白起虽残胸坦荡，范雎覆手逆天谋。
邯郸不破解君顾，袖手帝王怀鬼愁。
三车映阙若知愚，仓鼠李斯焉入虚。
易水声声筑歌死，剑逢国破命区区。
德哺子婴又何用，泪悲时却献咸阳。
鸿门应奏梅花洛，楚梦云歌倾碧江。
关山迢递连榆塞，铁马迎风鸣子规。
吞药岂因切地脉，蒙恬风泪向朝辉。
霸上添风秦壁冷，胡亥窗前问赵高。
满壑树声相伴泪，阴途两望拜云髦。
吴越弄争风度去，从今夹谷吊儒颜。
春秋君子五更醒，不见六国扫御园。
何来伍奢迁吴越，楚阙飘摇荡晋声。
但等屈风赋骚语，吴歌唱起奏秦筝。
临江踏马闻王气，未入金陵惊始皇。
何念徐福不归事，秦淮夜色胜扶桑。
秦皇游梦倚天水，御车封禅睡沙丘。
纵横千里摇南海，祀典荒芜二世休。

460. 大唐谣：西安游华清池忆2010

灯火大唐赋春夜，谁敢天宫炫彩幡。
汉服玉镀千层锦，蓬莱西望映楼兰。
红袖轻轻还故曲，人间若醉在桑间。
华清池水贵妃影，天下妍姝妒玉环。
明皇游月招佛骨，西天凤雀舞金裟。
法门寺外盛装会，宦臣香女艳妆华。
王公贵胄争相施，玉殿阶前佛鼓沉。
百姓倾家许深刹，几代离乡寻法门。
敦煌天外凤仙绕，难得异域度风情。
中原但见收瑶玉，不闻艳美舞风轻。
唐皇艳府登高阙，镜前妆语并八州。
香红抖落惊可汗，胡马迎风慕武周。
相逢问语皆诗赋，人随词曲入婚帏。
苏家小妹今闻嫁，此去逢时带韵归。
三皇五帝排星位，汉武秦皇唐太宗。
不信新潮惊世界，八方来贺慕东风。
天舰辽颠博水路，海风腥浪震白江。
洛阳何似清风夜，广域秋秋祝梓乡。
唐征高丽千城怯，三度先声一度迟。
终是帝园修半岛，风吞竹柳祀天池。
羞露粉胸蹈孙剑，凌波罢舞谢阿蛮。

唐风意送扶桑雪，却见新罗仕女欢。
斜看贞操眯醉眼，轻透薄纱问自由。
人间少有惊春梦，千年一度是风流。
醉得一夜忘天下，君伴霓裳恨早朝。
梦中新挂黄金甲，御马牵绳酒气高。
犹似随风遥夜郎，繁华落去梦揉肠。
当年吐赋千城应，落花也要葬咸阳。
藏江飘雪盖云阙，北望长安无数灯。
殿上文成叙君事，杨花坠落误金成。
千龙飞舞越南都，佛渡天竺莲凤图。
莫卧夺风吹晚景，唐歌唱尽后身孤。
难得桂树花开早，千里来寻闻旧香。
再看秋来金九日，咸宫风色落花黄。
琼浆玉露月光斜，大明宫里献笛笳。
马嵬坡下招魂梦，难问当年卖奢华。
月宫难见见唐朝，东方不舞舞风骚。
今夜闻诗翻旧历，秋千荡梦问谁高？

461. 世事谣 2010

称心如意难得见，断命鸳鸯总是双。
心想事成无你我，万般无奈却招郎。
何教宽夫妃借力，一生恬淡却添污。
半山惊世留新政，曲意残诛难释姑。
恩断意绝情更绝，此生难再叙圆缺。
三代友情多酒肉，爱凭一世见贞节。
旧有潘郎轻掷果，枉出贪意受讥谈。
人间历尽皆归梦，神算诸葛睡梦川。
爱似难成恨易生，爱恨无非为一人。
今儿得手真欢喜，明日叫君急煞人。
风流才有凤求凰，无亿漏出傅粉郎。
得抱婞妤说美政，双燕来时秋扇光。
前书揽遍待吟时，欲写青山却忘诗。
言穷语尽愁无句，借来金口腹中迟。
玄宗四相鼎开元，各取二三是几番？
天下英才皆鹤凤，任凭天阔舞方圆。
古听人善被人欺，多少后生成垢泥。
君且细听前后句，人善人欺天不欺。
千古贤文可负途，错识一字满盘输。
何似贤文教人恶？小人常会误读书。
炀帝风怀汉武德，舆情忘却毁闾阎。

教育诗词·盘桓集

丰功件件皆尽历,短朝无数放幽阁。
君子无言行坦荡,小人私语乐无穷。
戚声自是隔墙语,不怪相交窃笑容。
谁说卢杞客中无,难有子仪秋眼孤。
卧龙双配缺雏凤,莫悲天意不听书。
人情口上说清淡,端酒却逢谗语时。
言开三句家国事,回来又笑友朋痴。
少年仗义好仪容,谁道董儿狮虎风。
本想逍遥揭帝所,却成脾硕耍猴童。
一言一语送一欢,何掀假盖打一团。
一悲一笑同一日,何记旧愁徒自烦。
皆听去相谓皇高,不见宦臣拔锈刀。
明主悠悠席宝殿,煤山复命问前朝。
人生半世背薄凉,案上陈书几度香?
若是仲尼今在世,三途不解道荒唐。
年年玉户醉逍遥,尘海却无百丈涛。
若是书生皆可负,殿前何必报偷桃。
却觉虚度八十四,东方朔笑客今朝。
色为何物心无奈,财是几分须当真。
应得何念客心善。天下唯闻命运声。

青丝捋处岁七八，何似象床收艳华。
天赐愉妃得梦枕，却听怜子赠坟花。
春季犹如春永在，秋风一面百花枯。
觅缘皆勿久相处，时逢一刻见真如。
朝堂掷地光时享，翁持假盖是同龢。
公报私仇国被误，小人红脸去明歌。
醒来难见梦中愁，几抱银釭夜问秋。
佛度凡尘无近路，重门深锁自寻修。
才女瑶瑶如暮云，泪钩成朵也娉婷。
江南苏楚身玉碎，不为逢时只为金。
无心得月似非由，不可当真便自收。
且看赵姬扶玉后，到头吟子袋中讴。
二宫相叛洒劫灰，难问孙权算几回。
不买袈裟难舞宇，乱搬劫火误佛悲。
情恸民国小凤仙，但问谁来往事怜。
寒风后半无人问，孤枕柔声守梦边。
不管君王新画狱，唯留本性为霜华。
愈风逼死马融日，义气飞流千万家。
孟郊得意踏春马，奈何终是作诗囚。
最笑经纶自缠腹，寻得李杜赠缘由。

余篇

十二、余篇

462. 感于宝黛葬花对白 2010

情泻吐千里，花谢踏悲城。
香榭痴雨落，诗懈葬花声。
意洩击孤磬，缘邂有良辰。
心褻骈枝断，怨泄女娇嗔。

463. 人鱼情：观影《美人鱼》感人鱼美 2017

希希水声，下有美人。
小桥路边，恋影宜人。
希希水声，出水恋人。
情情切切，命断惊魂。
希希水声，在水依人。
两情相悦，隔世情深。

464. 夕花饮月 2018

落日劝花多饮水，
只为花开月更明。
一院夜光守乡阙，
人在扬城犹见君。

465. 无伤而诗 2018

悲歌咏志,摇瑟清怀。
天有康宁,兴伤拊嗟。
和风怀月,曲水吟欢。
佛道藏形,唯唯子还。

466. 悲兮大汉拓边 2009

潇潇兮大汉风,悠悠兮中原梦。
威威兮追远蓬,悲悲兮丝路中。
渊渊兮大宛月,声声兮长歌鸿。

467. 史歌声声:读《史记》叹恢弘 2009

汉有大秦,
史歌声声。
鹓飞在天,
惟易深深。

468. 天歌 2010

日浮惊梦天,
月幻影攸长。
星在汉河地,
辰辽君忘久。

后记

在阅读和研究中，触及各种学术、思想，以及历史事件和人物时，似乎总有言而未尽之意，常有孔子之"悱"的感觉，诸多的感想、体悟，似乎用哲学和思辨难以表达，每逢此时，似乎只有吟咏和嗟叹才能舒缓内心的情绪。久而久之，便养成了这个习惯，同时也成了一个爱好。诗词给予学术和理性许多想象的接续，让专业思考获得许多的灵感和想象，同时也让专业研究得到一种闲息或娱思。诗似乎成为生活和专业结合的一种方式。既是专业生活的一部分，又是闲暇生活的一部分，更是精神生活的一部分。或许，这就是在《序》中谈论的所谓"诗意的生活"。孔子也认为，对于君子来说，智仁勇很重要，"游于艺"也很重要。哲学似乎总是不能尽致，而诗给予"思"以安静，让你进入世界最神秘的地方，体验到存在的玄妙和真谛。

如果不是从教育的目的，而是从教育本身来看，康德的话正告诉我们什么是教育。康德说，人是唯一必须受教育的被造物，但世界上最难的事情就是教育。他分析说，见识取决于教育，但教育更取决于见识。从康德的话可以看到，生活与眼界是一种教育。由此进一步可知，历史与文化、哲学和理性、文学与艺术，不仅是更广泛意义上的教育，而且是更为重要的教育。柏拉图说，教育是灵魂的转向，但灵魂如何转向，却依靠解除"囚徒"的束缚，让他"转身"，朝向"阳光"的方向。也就是说，首先要有身体的转身，然后才有灵魂的转向。教育拿什么让我们"转身"？靠的就是生活，就是见识，将人文、科学和艺术的视野引入教育，而不是局限于书本和课堂。今天的教育或许正处于一个选择的悖论中而难以自拔。诗用艺术激发我们的教育想象。作为历史、传统，以及文学和艺术，诗会让我们的身体转身，乃至灵魂转向。完成这本小集子的同时，既达成一个自我的目的，更达成一个教育的目的。因为诗让我们获得一种理解教育的方式，因而无论是书写还是阅读，我们不是在从事教育的过程中，就是在接受教育的过程中。

如果真正的教育应该是文化和艺术性的，那么，教育在本质上就应当如雅斯贝斯所说的是一种"陶冶"。所以中国的古人称教育为"教化"。《孔子家语》说尧舜治教化能"化若四时而变物，是以四海承风，畅于异类，凤翔麟至，鸟兽驯德"。我们说，教育若能做到"四海承风""凤翔麟至"和"鸟兽驯德"，达到那种融天地之大德的教化境界，那么，今天在我们教育中的许多问题都不复存在了。唐时日本最早的汉诗集《怀风藻》，其《序》有"调风化俗，莫尚于文。润德光身，孰先于学。爰则建庠序，征茂才，定五礼，兴百度"。日本人学汉诗首先想到的就是蓄礼和教化。与唐时中国鼎盛之时的诗风相比，尽管其诗意境尚显平庸，但对中国诗礼风化的理解却是相当到位。《中庸》曰："小德川流，大德敦化，此天地之所以为大也。"借用其中"敦化"二字描述教育的精神是比较准确的。由此，此集取"诗风化育"之名或许显得比较适合。

诗集共分为十二篇，即古风篇、文化篇、题记篇、人物篇、游旅篇、情梦篇、从学篇、乡梓篇、花石篇、剪影篇、轻谣篇、余篇。收纳了本人所作诗、词、谣共468首。其划分与归类主要依诗词的内容和个人体验，是比较主观性的。同样的电影题材，偏生活多一点的可能收入剪影篇，而偏历史多一点的可能收入文化篇，等等。每篇的前部分是诗，后部分是词。第十一篇"轻谣篇"，虽借用了"谣"字，但不全是民谣，而是稍长一点的，兼有行歌、叙事、明理和讽喻，以绝句形式相连接而成的诗，虽然有些部分也借用一点民谣的诗风。在格律上更是宽泛一些，不再考虑粘连和对仗等严格的诗词规则，但仍尽力不乱平仄和声韵。"余篇"是一些比较随意的短诗，包括四字诗在内，所以单独列为一篇。在"词"的部分，时常因篇幅的限制，不能充分抒怀与表达，故而在某些词的中间，以重复其中一片的格律方式，增加了词的"片"数。这在古诗词中或许是不允许的。不过作为现代人填词，也许只是借用其艺术形式作诗意的感叹和放达，抑或有玩味之意蕴含其中，姑且不用像古人那样严格吧。又如，很少的地方变动了词的"一字领"结构等等。此外，在一些诗词的前面，又以序跋文的方式增加了一些题头语，一些带有辞赋或散文的形式，其中也附了一些自由短诗，以补充序跋的叙事性和诗歌性。从文本角度看，序跋是很重要的。宋代之前的书画很少有跋语，但后来没有题头的书画价值一落千丈。其实，对诗词也一样。《诗经》《乐府》中的每一首诗都很美，但如果能看到当时采风和吟咏的农夫或女子，以及诗外的景致，我们再读那些诗歌时，一定会体验到更为丰富、更有质感的意境。鲁迅的散文诗《野草集》使诗歌获得散文式的想象。序跋对诗词来说同样如此，能够给予诗词以内涵的铺陈和延伸。本集中也有吟咏当下机缘与情踪的，因而原本还是想都写一些题语——尽管笔者古汉语，以及辞赋、散文水平是有限的——然而，碍于精力，以及功力的问题，只做了其中一部分，对我自己而言，这只能留一点遗憾了。

诗歌包含思想、文化和艺术的深刻内涵，体现汉字学养和意境理解，应该是一个艺学皆无止境的过程。阅读古诗词名篇时让人体验到这种奇妙之境。诸如一首好的诗词有时让全诗灵动起来的就是一个字，这便是所谓"句眼"的传神和奇妙。一个字本身或许不会神奇，但其背后的意蕴和理解却深奥无穷。在诗歌的吟咏中，除了诗词的感怀和意境、用典和隐喻、景意和虚实、嗟叹和抒情，以及赋比兴艺术手法等外，就是格律声韵的要求和形式了。在本诗词集中，从第一篇到第十篇主要是诗和词，尽可能体现近体诗的格律与声韵，诸如平仄、对仗、押韵和粘连等。再就，是拗句的处理和补救。在一般处理方法之外，一些特别的情况下，采用了平顶平、仄顶仄的方法。比如"弱冠已气帅，髫年昨推门"，又比如"杜鹃枝上邀旧故，瓦雀墙头抖新柴"。为了用上"新"，只能如此破律或补救了。也许，拗救的关键不在于"补救"，而在于"利用"。正是拗救的许可给予古诗词更大的遣词空间与可能，因而拗救或许不是一种无奈，而是一种选择。再如，对于格律问题，有些存在不同看法。比如对出句的"平平仄仄平仄仄"这种拗句，可以用对句加以补救，甚至不救。还有三仄尾的处理等亦如此。另一方面，在古诗词中的确也有类似的用法。由是，一些这样的拗句本集中也有一定存在，而个别处亦保留了三仄尾的使用。还有，个别绝句因"意"而未以粘对，也有因"句"而乱平仄或误粘连，如"二十四桥"（按今韵）等等。求得精巧和完美是十分困难的。只就对仗一个手法而言，真能做到宽对的贴切也实属不易了。或许，古往今来，只有像李白那样的诗词神仙才能潇洒地不受诗律的束缚和限制吧。

第十一篇是"谣"，因为是由绝句组成的长诗，包含抒情和叙事的，也包含明理讽喻的，在格律方面更为宽泛一点。声韵方面主要以普通话及新韵要求为基础，一方面是因为笔者的古韵基础不够厚实，另一方面是因为新韵更适应今人的习惯。其他亦有诸多的好处，比如新韵将古韵中的邻韵进行了调整，尽可能归并在同一个韵部，这样便不用太多考虑借韵及邻韵表的查对。同时，普通话已基本取消了入声，或将其划归仄声，由此同样可减少不少入声的查对。其实，在声韵的发展上，上古音、中古音和近古音之间，以及古声韵的平仄相较今天的普通话有很大的变化，如果不是专业研究者很难分辨，因而依普通话的习惯及新韵的分类可能更好把握，在听觉和语感上也更容易为人接受。总的来说，自然希望避免诗病的出现，但可能还是难以真正做到，疏漏之处只能日后补正了。

事实上，古韵和今韵，有时不能说哪个更严格或更宽泛，这要看具体情况。有过去是不押韵的今天却押韵了，也有过去是押韵的今天却不押韵了。比如，"哀""回""来""台""杯"，在古音韵中都是押韵的，但在今天的普通话里却是不押韵的，新韵亦将其分于两个韵部之中。从这个意义上说，古音韵比普通话更宽泛，选择性更强。现在赞成新旧韵的融通，所谓"今不妨古"或"宽不碍严"，提倡使用新韵，但不反对使用旧韵。不过大多反对在同一首诗中的混用。这些音韵思想在本诗集中也是尽量遵循的。不过在一些特殊情况下，也有出律的，插入了个别旧韵。是笔者功力不够，未能找得好的韵词，只能取其"意"而坏律了。其实，新韵也不能做到完美，学界也倡导"探索"，这里姑且就算一种探索吧。其实，这是自我谅解的一个由头，也只能如此了。由于普通话原本不好，先天不足，同时，未做到韵角一一依字表查对，因而仍然可能会有病误的出现。同时，对于前后鼻音的辨别问题，新韵进行了区分，古人有没有前后鼻音之分存在争议，不过今天普通话对于北方人来说分

后记

辨是清楚的。然而,作为南方人的我始终不是太能区分,因而在写作中没有严格循律,更没有依新韵字表严格对照。自知这个不能说是"探索"了,只能说是自我"放纵"了。又如轻声的处理,一些人主张用新韵写诗不用入声,用古韵写诗不用轻声。但偶有轻声,又不想回避,于是只作平韵看待了。格律和音韵是大学问,似乎远不能真得法门,不过写作过程带来的快乐却是真实的。西人贺拉斯说,什么东西都可以"平庸",唯独诗人不行。但在我看来,吟咏过程本身,绝对不会是平庸的。

在修订过程中,由于一些诗词是完整的,而另一些则是零散的。其中,一些只是当时的短语碎句,更是没有形成韵律,还有的是随笔和一些阅读的联想,因而把这些未成形的词句补充、诗化和入韵,还是花费了不少的时间和精力。甚至,一些诗词的成稿时间与标注也不完全准确和明了。修订完成之后,看到一个完整的诗稿,的确是产生了一种慰藉之感的。原本没有想到成书,只是写得多了,觉得放那儿有点可惜。又或许,自娱也需要一个对象和文本吧。伴随修订完善的深入,事实上已经作为一个教育文本来做了。此外,还有一些诗稿,来不及完善和修订,只能暂且搁置,以后再作处理了。教育结苍烟而行吟,若史歌盘桓而连卷,时常在大历史的背景中迂回劫渡。其寄苍生而淳民俗,续天命而隆华夏。作为芸芸众生,我们能活于当下而回望亘古之初,唯有感叹之外别无念想了。以后余作若能再为续稿,或可先以《盘桓集》作为此集的一个记号吧。

在出版和修订过程中,得到东南大学出版社宋华莉编辑和江苏人民出版社李洁编辑的关心和支持,在此表示衷心感谢。同时,对给予本集提供指导和建议的同行和朋友也一并表示诚挚谢意。

2023 年 2 月

内容简介

本书借助古诗词表达阅史惜古、赋风吟哦、思乡怀人、读经问学的嗟叹和感怀。在学术生活及阅读和思考中，有哲学的感悟、文化的体验和教育的反思，感受到什么是史的悲凉、国的崔嵬、人的仰慕、生的寂寞、心的惆怅、游的孤独、情的惜别。本书包括诗、词、谣共468首，分为十二篇，即古风篇、文化篇、题记篇、人物篇、游旅篇、情梦篇、从学篇、乡梓篇、花石篇、剪影篇、轻谣篇和余篇。从第一篇到第十篇是诗和词，第十一篇是"轻谣篇"，第十二篇为"余篇"。透过文化和传统，借助诗和词的声韵，与先贤和古圣交流对话。在诗的吟唱中教育变成了叙事和体验，获得生命的意象和灵魂的观照。本书在一些诗词前补充了题头语，试图与诗词的嗟叹相呼应。序言表达了一些对诗词的理解，后记对书名、创作和格律等作了一定说明。

图书在版编目（CIP）数据

诗风化育 旧语新怀：教育诗词·盘桓集/薛晓阳著. —南京：东南大学出版社，2023.7
 ISBN 978-7-5766-0774-1

Ⅰ. ①诗… Ⅱ. ①薛… Ⅲ. ①教育研究 Ⅳ. ①G40-03

中国国家版本馆CIP数据核字（2023）第121472号

责任编辑：宋华莉　责任校对：张万莹　封面设计：小舍得　责任印制：周荣虎

诗风化育 旧语新怀：教育诗词·盘桓集
Shifeng Huayu Jiuyu Xinhuai：Jiaoyu Shici·Panhuanji

著　　者	薛晓阳	
出版发行	东南大学出版社	
社　　址	南京市四牌楼2号（邮编：210096，电话：025-83793330）	
网　　址	http://www.seupress.com	
电子邮箱	press@seupress.com	
经　　销	全国各地新华书店	
印　　刷	南京新世纪联盟印务有限公司	
开　　本	700 mm × 1000 mm　1/16	
印　　张	17.75	
字　　数	239千字	
版　　次	2023年7月第1版	
印　　次	2023年7月第1次印刷	
书　　号	ISBN 978-7-5766-0774-1	
定　　价	68.00元	

本社图书若有印装质量问题，请直接与营销部联系，电话：025-83791830。